항공기 구조와
객실안전

Aircraft Structure & Cabin Safety

Preface

1969년 대한항공공사를 민영화하여 발족된 대한항공에 의해 대한민국에 하늘길이 다양화되고, 1988년 제2 민영항공사인 아시아나항공이 설립되면서 객실승무원이라는 직업의 문이 넓어지게 되었다. 이후 2005년 제주항공을 필두로 여러 저가형 항공사가 설립되면서 대한민국의 객실승무원이라는 직업을 가지게 된 사람들이 만명을 넘어서게 되었고, 이로 인해 객실승무원이라는 직업을 선택하기 위한 대학의 학과도 많이 설립되었다.

1912년 항공기에 조종사나 정비사가 아닌 객실 업무를 담당했던 하인리히 쿠비스(Heinrich Kubis)로부터 시작된 객실승무원의 역사는 1930년 간호사인 엘렌 처치(Ellen Church)가 Boeing Air Transport의 승무원 업무를 시작하면서 여성으로서 객실승무원의 시작을 알리기도 했는데, 이러한 배경으로 인해 처음에는 서비스에 중점을 둔 업무로 인해 스튜어드(Steward), 스튜어디스(Stewardess)로 불리게 되었다.

하지만 IACO 연구에 의해 비상상황시 승객들의 효율적인 탈출을 위해 각 항공기 Door의 크기별로 탈출가능 승객수를 권고하고, 여기에 '훈련된 객실승무원의 탈출지휘가 있을 때'라는 단서가 붙으면서 객실승무원의 역할이 단순히 탑승한 승객에 대한 서비스만이 아닌 안전의 측면도 강조가 되었고 이후 객실승무원은 Flight Attendant 혹은 Cabin Crew로 호칭되고 있다.

이러한 배경으로 이 책은 객실승무원에게 중요한 업무 중 하나인 객실안전이라는 분야에 있어 대한민국의 항공관련 규정과 ICAO 매뉴얼을 배경으로 만들어진 각 항

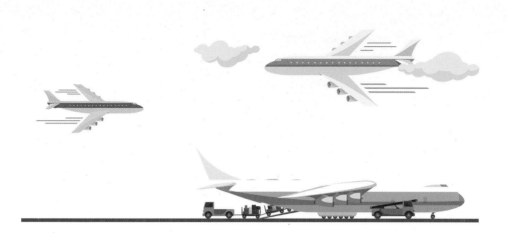

공사들의 범용적인 승무원 관련 사내 규정들을 포함하게 되었는데, 이는 항공 관련 학과 학생들이나 객실승무원을 꿈꾸는 승무원 준비생들에게 현장에서도 바로 적용할 수 있는 내용을 생생하게 전달하기 위함이다.

이 책은 크게 항공기의 구조와 객실승무원의 일반적인 안전업무, 객실승무원이 필수로 알아야 할 안전내용들을 다루었으며 그 외 객실승무원으로서 필요한 상식들을 을 언급하였다.

Contents

PART 01
항공기
구조와 항공사

Chapter 01

항공기 구조와 항공사

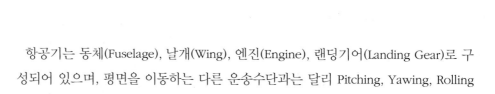

항공기는 동체(Fuselage), 날개(Wing), 엔진(Engine), 랜딩기어(Landing Gear)로 구성되어 있으며, 평면을 이동하는 다른 운송수단과는 달리 Pitching, Yawing, Rolling 의 3차원적인 이동을 한다.

1. 동체 (Fuselage)

동체는 항공기의 몸통부분으로 각각의 날개들이 연결되어 있고 항공기 전체를 통제하고 조종할 수 있는 조종실(Cockpit), 승객이 탑승하는 객실(Cabin), 짐을 탑재하는 화물(Cargo)로 구성되어 있다. 승객 탑승을 위한 객실은 대부분의 항공기 Main Deck에 위치하고 있으나 B747기종과 A380기종은 Upper Deck이 있어 승객 탑승용으로 사용한다. 화물의 경우 Lower Deck에 일반적으로 탑재가 되나, B747-Combi기종의 경우 Main Deck E zone을 화물칸으로 사용하기도 한다.

1) 조종실 (Cockpit)

일반적으로 Cockpit 혹은 Flight Deck이라고 한다. 조종실은 일반적으로 원활한 시야 확보를 위해 항공기의 앞부분에 위치하고 있으며 B747항공기의 경우 2층 칸(Upper Deck) 앞쪽에, A380항공기는 항공기 맨 앞 1층 칸(Main Deck)과 2층 칸(Upper Deck)의 중간에 위치하고 있다. 조종실 내에는 항공기를 조종하기 위한 각종

계기가 장착되어 있으며 이를 조종하기 위한 기장(Captain)과 부기장(First Officer)의 좌석이 계기판과 같이 있으며 좌석의 경우 기장은 항공기 전방을 기준으로 좌측, 부기장이 우측을 사용한다.

기장과 부기장 좌석 뒤에는 Observer 좌석이 있다. 조종실 내에는 객실 내 갤리 (Galley)의 전원을 차단하는 장치(Circuit Breaker)와 화재진압용 손도끼(Crash Axe), 소화기, Visual Signaling Device, 운항승무원용 PBE를 비롯한 산소공급장치 등이 있다. 운항승무원은 순항 시 강렬한 햇빛을 가리기 위한 Sun Visor를 사용하며 FAA, JAA에서 공인된 Headset과 Boom Microphone을 사용해야 한다. 객실 내 화장실에서 연기가 감지될 경우 조종실 내 경고등이 들어온다.

조종실에서 객실과 의사소통을 위한 방법으로는 인터폰(Interphone), PA(Passenger Address), 표준 신호체계에 따른 Seatbelt Sign이 있으며 Boeing 747 같은 특정 기종에는 지상에서 국기와 특정 표식을 게양할 수 있는 거치대가 있다.

운항승무원은 비상시 조종실 문을 통해 비상탈출을 하나 조종실 문이 열리지 않는 경우 창문이나 해치를 열고 Escape Rope나 Descending Device를 통해 지상으로 탈출한다.

◉ Cockpit
〈A321 조종실〉

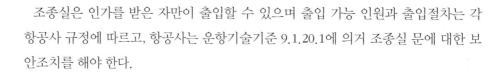

조종실은 인가를 받은 자만이 출입할 수 있으며 출입 가능 인원과 출입절차는 각 항공사 규정에 따르고, 항공사는 운항기술기준 9.1.20.1에 의거 조종실 문에 대한 보안조치를 해야 한다.

2) Cabin

항공기 내 승객이 탑승하고 승무원들이 일하는 공간을 객실이라고 하며, 영어로는 Cabin이라고 한다. 항공기 객실은 승객 좌석과 승무원이 일하는 공간인 갤리(Galley), 화장실(Lavatory), 서비스용품을 보관하는 Closet, 비상장비나 기타 장비를 보관하는 Floor Compartment로 이루어져 있고 장거리 구간을 운항하는 대형 항공기의 경우 승무원 휴식공간(Crew Rest Bunk)도 있다. 승객 좌석의 경우 운임에 따라 일등석(First Class), 비즈니스석(Business Class), 일반석(Economy Class)로 구분이 되며 각 클래스별 좌석의 형태와 좌석 간 공간에도 차이가 있다. 항공기의 규모에 따라 소형기의 경우는 객실 내 통로를 하나만 두며 중형기 이상에서는 객실내 승객들의 원활한 이동을 위해 통로를 2개 사용하기도 한다. 일반적으로 통로가 하나(1 Aisle)인 항공기를 Narrow Body라고 하고 통로가 2개인 경우 (2 Aisle) Wide Body라고 한다.

승객 좌석은 각 클래스별, 항공사별로 때로는 항공사 내 동일 기종 내에서도 제작연도별로 형태가 다르게 구성되어 있다. 2000년 이전 제작된 항공기의 경우에는 대

🌸 캐빈
⟨B767 Cabin⟩

부분 좌석 내 개인용 모니터가 없이 독서등과 등받침 조절버튼 등으로만 이루어져 있는 반면 2000년 이후 제작된 항공기에는 개인용 모니터가 장착이 되어 있고 좌석도 자동으로 조절되는 전동조절장치가 있으며 승객들의 개인용 휴대용 전자기기들을 충전할 수 있는 소켓이 있다. 클래스별 좌석의 형태는 다음과 같다.

① 퍼스트 클래스 (First Class, F/C)

각 항공사의 서비스를 대표하는 일등석인 퍼스트 클래스의 경우 좌석은 독립적·개인적 사생활이 보장되는 코쿤(Cocoon) 형태로 좌석의 좌우 뒷부분이 보호되어 있거나, 슬라이딩 도어가 장착된 객실형태를 가지고 있으며 좌석은 180도 젖혀지게 디자인되어 있다. 제공되는 개인용 모니터의 경우도 다른 클래스의 모니터보다 큰

⚜ 대한항공 FC

사양이 제공이 되며 항공사에 따라서는 일반적인 담요 대신에 오리털이 들어간 두베(Duvet)가 제공되기도 한다.

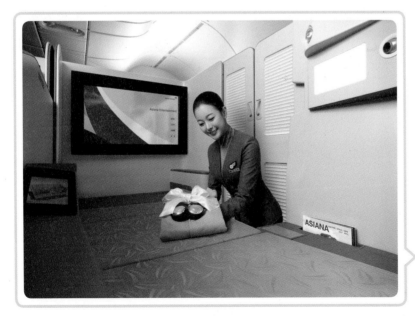

⚜ 아시아나 FC

② 비즈니스 클래스 (Business Class, B/C)

300석 이상의 대형 항공기에만 장착이 되어 있는 퍼스트 클래스와는 달리 국제선을 운항하는 대부분의 항공기에서 운영하는 비즈니스 클래스는 기종의 다양성에 따라 다양한 좌석의 형태를 가지고 있다. 각각의 승객이 독립적인 공간을 가지고 있는 일등석과는 달리 개방된 코쿤 형태나 일반적인 일반석의 형태를 가지고 있는 경우도 있다. 좌석의 펼침 형태도 180°로 평면 형태로 펼쳐지는 좌석부터 수평에 가까울 정도로 펼쳐지는 좌석이 있으며 소형기의 경우는 제한된 공간으로 일반석보다 조금 더 눕혀지는 형태로 좌석이 제공된다. 좌석의 조절은 좌석에 장착되어 있는 핸드셋을 통해 조절이 되나 항공사에 따라 조금씩 다르다.

대한항공 BC

아시아나 BC

③ 일반석 (Economy Class, E/Y)

기본적인 항공기 내 좌석 형태로 등받침이 젖혀지기는 하나 각도는 크지 않다. 기종의 연식에 따라 개인용 모니터가 장착이 되어 있는 경우도 있다. 구형 기종의 경우 승무원 호출버튼과 독서등, 볼륨과 채널변경 버튼 등이 있는 PSU(Passenger Service Unit)가 장착되어 있으며 신형 기종의 경우 IFE를 조절하는 핸드셋에 해당 기능이 장착되어 있다.

대한항공 EY

아시아나 EY 〈B777 Cabin〉

3) Cargo

　항공기에 화물을 탑재하는 공간으로 주로 항공기 하부에 위치하고 있다. 화물칸에는 화물용 컨테이너나 화물 팔레트 위에 짐을 결박하는 형태로 탑재하며 여객기의 경우 탑승객의 수하물과 화주로부터 요청받은 짐들이 실린다. 화물칸은 온도가 조절되는 곳과 되지 않는 곳으로 나뉘어져 있으며 환기·여압·온도조절·소화장치들이 장착되어 있다.

Cargo

Cargo

2. 날개 (Wing)

날개는 항공기가 비행을 할 수 있게 해주는 구조물로 주익(Main Wing), 미익(Tail Wing)으로 구성되어 있다.

1) 주익 (Main Wing)

항공기 중심부에 위치하며 양력을 발생하여 항공기가 비행을 하게 해주는 장치로 내부에는 연료를 담는 탱크와 외부에는 양력 발생 및 항공기의 움직임을 조절해주는 장치로 구성되어 있다. 조절장치로는 이착륙 시 항공기의 양력을 증대시켜주는 플랩(Flap), Rolling을 조절하는 보조익(Aileron), 착륙 시 제동거리를 줄여주는 스포일러(Spoiler) 등이 장착되어 있다.

🕸 Main Wing

2) 미익 (Tail Wing)

🕸 Tail Wing

항공기의 미익은 주익과 달리 여러 가지 형태를 가지고 있다. 수평꼬리날개와 수직꼬리날개가 서로 직각을 이루는 일반형부터 V형, H형, C형 등 여러 가지 형태를 가지고 있으나 여객기에서는 일반형이 주를 이루고 있다. 수평꼬리날개에는 항공기의 수직 이동을 담당하는 승강타(Elevator)가 있어 Pitching을 가능하게 하고, 수직꼬리날개에는 방향타(Rudder)가 있어 Yawing을 가능하게 해준다.

3) 보조익 (Aileron)

보조익은 주날개 뒤 가장자리 쪽에 부착되어 항공기가 Rolling을 가능하게 해주는 날개이다. 항공기의 동체를 축으로 수평을 유지하거나 선회 시 사용을 한다.

Aileron

4) 방향타 (Rudder), 승강타 (Elevator)

미익 부분에 있는 장치로 수직으로 움직일 수 있는 것과 수평으로 움직일 수 있도록 되어 있는 것이 있는데, 수직날개에 있는 장비를 러더(Rudder, 키)라고 하고 수평날개에 장착되어 펼쳐진 부분을 엘리베이터(Elevator)라고 한다. 두 개 모두 방향판 역할을 하고 있다. 러더는 기수를 좌우로, 엘리베이터는 상승 또는 하강하게 한다. 항공기가 방향을 약간 바꿀 때는 러더로 충분하겠지만 왼쪽이나 오른쪽으로 선회할 때는 에일러론이 그 역할을 수행하게 된다. 흔히 잘못 알기 쉬운 것 중 하나가 꼬리날개의 수직판인 러더가 비행기의 선회에 가장 큰 역할을 담당하는 것으로 생각할 수도 있지만 바다처럼 2차원의 공간인 수면 위를 이동하는 선박의 경우에는 키(Rudder)가 좌우로 움직여 선회의 기능을 완전히 담당하지만, 3차원의 공간인 공중에서는 에일러론이 선회를 수행하게 된다.

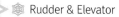
Rudder & Elevator

5) 플랩 (Flap)

플랩은 항공기 날개의 앞 가장자리나 뒷 가장자리에 위치한 보조장치로서 양력과 항력을 모두 증가시키기 위한 장치이다. 항공기가 빨리 이륙하거나 착륙속도를 느리게 할 때 저항을 증가시켜 활공각을 크게 해서 양력계수를 크게 만들어 이착륙거리를 단축하거나 이착륙을 쉽게 하는 역할을 한다.

플랩이 확장되면 양력과 항력이 증가되는데, 이로써 항공기는 플랩을 사용할 때보다 낮은 속도에서 비행을 가능하게 해주며 착륙 시 실속(stall)에 빠지지 않게 해준다.

Flap

6) 스포일러 (Spoiler)

항공기의 날개에 장착되어 있는 장치로 에어브레이크(Airbreak) 혹은 스피드 브레이크(Speedbreak)라고도 하며, 비행 중 조종석에서의 조작으로 열거나 돌출시킴으로써 날개면을 따라 흐르는 기류를 차단시켜 양력(揚力)의 발생을 감쇠시키는 동시에 항력(抗力)을 증가시켜 항공기의 기수를 내리지 않고도 큰 충격 없이 하강할 수 있도록 도와주거나 착륙 후 항공기의 지상 활주시간을 단축시켜주는 장치이다.

스포일러

Spoiler

3. 엔진 (Engine)

엔진은 항공기를 가동시키기 위해 주동력을 제공하는 장치로 주날개나 동체의 옆부분, 혹은 뒷부분에 장착된다. 엔진의 수는 항공기에 따라 다르나 일반적으로 2개부터 4개까지 있으며 항공기를 전방으로 봤을 때 좌측부터 엔진번호를 부여해 식별한다. 엔진은 항공기를 구동하는 추력을 발생시키는 것뿐만 아니라 항공기 내에서 사용하는 전기를 만들어낸다.

발전 원리는 운항 중 항공기 내 모든 전력은 제트엔진의 구동축에서 얻은 회전력을 이용하여 발전기를 돌려 전력을 얻어내며 이렇게 얻어진 전기로 승무원들이 승객에 대한 서비스를 준비할 때, 그리고 승객들이 영화 감상 등 기내 시설물들을 이용할 때 사용한다. 항공기의 엔진은 Pratt & Whitney, General Electric, Rolls Royce 등의 회사에서 제작을 한다.

⊕ Engine

4. 랜딩기어 (Landing Gear)

　랜딩기어는 항공기의 아래 부분에 위치한 장치로 이착륙 및 지상 활주, 제동 및 조향에 사용이 된다. 항공기 동체를 지지하여 주기 시 동체의 손상이 없도록 하며 제트 항공기의 경우 비행 시 사용이 불필요한 경우 동체 내에 접어 넣는 접개식을 사용한다. 제트 항공기의 경우 3축을 사용하여 Nose Landing Gear와 Main Landing Gear를 장착해 사용한다.

Landing Gear

5. 항공기 전력공급장치

1) GPU (Ground Power Unit)

　항공기 지상 주기 시 전원을 공급받는 장비로서 크게 탑승교 부착 설치형과 계류장 스탠드형, 계류장 매립형, 이동형 등이 있다.

　탑승교 부착형은 일반적으로 탑승교가 있는 공항 내 설치된 장비로 항공기가 완전히 주기가 된 후 탑승교가 접현이 된 상태에서 전원공급을 하게 되어 있다. 계류장 스탠드형은 터미널 계류장 앞쪽에 발전 형태로 설치되어 있다. 이는 탑승교 운영과 상관없이 즉시 항공기에 연결할 수 있어 APU 사용시간을 절약한다는 장점이 있다. 계류장 매립형의 경우 계류장 지하에 매립 설치되어 항공기가 주기한 경우 언제라도 사용할 수 있다는 장점이 있으나, 설치비가 고가라는 단점이 있다. 이동형의 경우 항공사와 조업사가 소유한 장비로 기존 장비의 고장 시 사용하게 된다.

⬡ GPU

2) APU (Auxiliary Power Unit)

항공기는 출항을 위해 공항터미널에서 이동을 하는 경우 GPU로부터 전력 공급이 중단이 되며 엔진을 가동시켜 전력을 공급받는데 GPU로부터의 전력 차단과 엔진 가동 전까지 항공기에 전력을 공급해주는 장치가 필요한데 이때 APU를 사용하여 전력을 공급 받는다. 또한 항공기 출항이 일시 지연될 경우 GPU로부터 전력 공급을 받지 못할 때 사용하기도 한다.

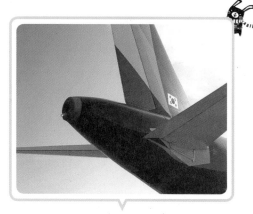

⬡ APU

6. Lighting System

　항공기 내외부에는 다양한 등이 부착되어 깜빡임과 등불의 색으로 여러 가지 신호를 나타낸다. 특히 이러한 등불의 신호는 야간비행에 유익하며 안전운항에 크게 기여하기에 이를 규정으로 정해두고 있다. 이는 야간비행 시 밤하늘에서 항공기의 위치나 크기 파악에 도움이 되며 야간 지상 활주 시에도 조종사의 시야를 확보해 주기 때문이다. 이러한 목적의 Lighting System을 알아보기로 한다.

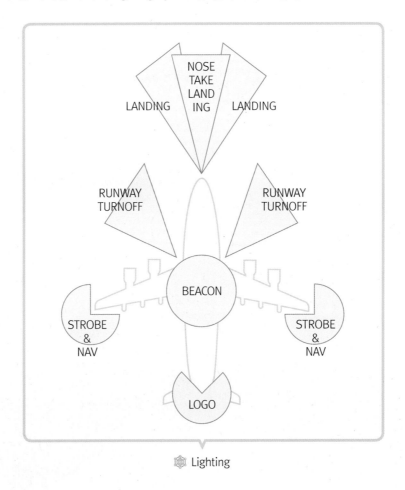

※ Lighting

1) 항법등 (Navigation light)

　야간에 항공기의 비행방향을 나타내기 위해서 사용되는 항공기 등으로 날개 왼쪽 끝에는 빨간등, 날개 오른쪽 끝은 녹색등, 항공기 꼬리부에는 백색등(Tail Navigation light)을 켠다. 날개 끝 등화 색깔이 다른 이유는 항공기의 비행방향을 알게 하기 위해서인데, 예를 들어 정면으로 나를 향해 오고 있다면 날개 좌우측 끝에 적색, 녹색 불빛이 보이고 나의 오른쪽에서 왼쪽으로 날아간다면 적색등이 보이게 한다. 이로 인해 야간비행에 있어 조종사나 관제사는 이러한 불빛의 위치를 확인하여 항공기의 진행방향을 알 수 있다.

2) 충돌방지등 (Anti-Collision Beacon light)

항공기의 동체 위(upper light)와 아래(Lower light)에 위치한 빨간색 경광등으로 1분에 40~100회 켯다 꺼졌다 하는 점멸등으로 항행 중 충돌방지 역할도 하지만 지상에서 항공기가 움직일 때도 작동된다. 또 지상에서 정지해 있다가 관제탑으로부터 push back 승인을 받거나 엔진시동 승인을 받았을 때 비행기가 움직인다는 신호를 주변에 있는 지상요원, 타 항공기, 관제탑 등에 알리고 지상 점검 시나 지상 주기 시 작동장비를 점검할 때 주위를 환기시키기 위하여 작동시킨다.

3) 착륙등 (Landing light)

항공기가 착륙을 위해서 접근로상에 있을 때 활주로를 밝힐 수 있는 방향으로 조준된 고광도 스포트라이트로 항공기마다 조금씩 위치는 다르며 착륙 전 작동된다.

4) 결빙 감시등 (Wing and Engine Scan Light)

날개의 전면과 엔진 흡입구의 결빙 상태를 감시하기 위하여 설치한 등화이다.

5) Logo light

뒷날개(Horizontal tail)의 상단면에서 수직미익(Vertical tail)을 비추어 소속 항공사를 식별할 수 있게 비추는이다.

6) 위치등 (Marker Beacon, Land Mark Beacon)

항행 중인 항공기의 특정한 한 점을 지시하기 위해 설치한 등화로 매분 12~20회의 섬광을 발산하는 등이다.

7) 비상등 (Emergency Light)

항공기가 비상착륙하여 엔진 Shut Down 시 자동으로 작동되는 등으로 항공기 내 외부에서 승객들이 비상탈출할 수 있는 탈출로를 비춘다. 항공기 내부 캐빈에서는 승객 좌석의 옆부분이나 복도 및 비상구 주변에 켜지게 되어 일반 조명을 사용할 수 없을 때 승객들의 비상탈출로를 안내하며 항공기 외부에서는 Door의 상단에서 비상 탈출 슬라이드가 펼쳐지는 방향으로 등불을 비춰 역시 승객의 비상탈출을 안내하는 역할을 한다. 전원은 엔진으로부터 제공을 받지 않고 자체 배터리를 사용하며 약 15 분에서 20분간 사용이 가능하다.

7. 항공기 일반

1) 전장 (Length)

항공기의 Nose로부터 Tail의 끝까지의 길이를 말한다.

2) 전폭 (Wingspan)

왼쪽 날개의 끝에서 동체를 지나 오른쪽 날개 끝까지의 길이를 말한다.

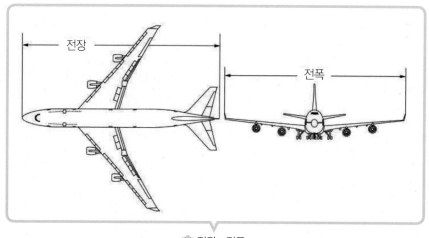

🏵 전장 · 전폭

3) 순항고도 (Maximum Altitude)

안전한 비행을 위하여 유지하여야 하는 적절한 해발고도로 현대 여객기의 순항고도는 일반적으로 국내선의 경우 FL220~280(고도 22,000~28,000피트), 국제선의 경우 FL260~390(26,000피트~39,000피트)까지 사용한다.

4) 순항속도 (Cruise Speed)

일반적으로 비행기나 배가 장시간에 걸쳐 정상적인 운항을 계속하려고 할 때 사용하는 속도를 말한다.

5) 항속거리 (Range)

주어진 조건 아래 항공기가 이륙 순간부터 탑재된 연료를 전부 사용할 때까지의 비행거리를 말한다. 항공기가 한 번 실은 연료만으로 계속 비행할 수 있는 최대거리라고 할 수 있다.

8. 항공기의 비행원리

일반적으로 2차원적인 이동을 하는 대부분의 수송수단과는 달리 항공기는 3차원적인 이동을 한다. 즉 앞, 뒤, 좌, 우뿐만이 아닌 상하로의 수직운동도 하게 되는데 이로 인해 항공역학에 의해 비행 중인 항공기는 양력(lift), 항력(drag), 추력(thrust), 중력(weight)의 움직임을 보이게 된다.

1) 양력 (lift)

양력은 항공기를 뜨게 하는 힘으로 속도와 구조에 의해 결정된다.

즉, 양력을 발생시킬 수 있는 충분한 속도에 날개와 같이 양력을 지원하는 구조가 있어야 한다.

💮 양력

양력은 비행속도와 날개의 면적에 비례하는데 그렇기에 안정적인 양력을 유지하기 위해서는 일정 이상의 비행속도와 날개의 면적이 필요하며 양력의 크기는 받음각 (angle of attack), 비행속도, 날개모양에 따라 달라진다. 받음각이란 공기 흐름의 방향과 날개의 경사각이 이루는 각도를 말한다.

일반적으로 받음각이 커질수록 양력도 증가하게 된다. 하지만 받음각이 일정한 수준을 넘어서면 양력이 감소하고 항력이 증가한다.

항력은 비행기의 움직이는 방향과 반대로 작용하는 힘이므로 항력이 커지면 비행기가 추락한다.

2) 항력 (drag)

항력은 항공기기 비행을 할 때, 즉 공기라고 하는 유체 내에서 움직일 때 이 움직임에 저항하는 힘이다. 항력은 마찰력과 압력으로 구분되는데 마찰력은 물체의 표면에 평행한 방향으로 작용하며, 압력은 물체의 표면에 수직한 방향으로 작용한다.

3) 추력 (thrust)

추력(推力)은 뉴턴의 제2운동법칙과 제3운동법칙으로 설명되는 반작용의 힘이다. 계(界 ; system)에서 물질(질량 ; mass)을 움직이거나 가속할 때 물질은 그 반대 방향으로 같은 힘을 작용하는데, 이 힘이 물체에 작용할 때 이 힘을 추력이라 한다. 항공기가 날아다닐 수 있는 것은 엔진에서 비행기 비행 반대 방향으로 물질(공기)을 밀어내는데 이때 공기는 비행기의 비행 방향으로 추력을 발생시키고 이 힘으로 비행기는 비행하게 되는 것이다.

4) 중력 (weight)

항공기의 무게에 의해 항공기와 지구가 서로 당기는 힘으로 양력보다 중력이 크다면 비행기는 뜨지 못할 것이다. 그렇기에 항공기를 제작할 때 이를 감안하여 제작하여야 한다.

5) 실속 (stall)

'속도를 잃는다'라는 단어적 의미를 가진 실속(Stall)이란, 비행기가 비행 중 양력을 잃는 현상을 말한다. 실속이 일어나는 원인에는 기본적으로 2가지가 있다. 하나는 속도의 감소, 또 하나는 받음각의 초과이다. 속도가 줄면 양력도 감소하며, 특정 속도 이하에선 양력이 비행기의 무게보다 낮아지게 된다. 이 속도를 실속속도(Stall Speed)라 한다. 실속속도는 당연히 비행기의 무게에 따라 다르며, 같은 속도라 해도 대기의 상태에 따라 발생하는 양력은 달라진다. 공기밀도가 희박한 고공에서는 실속속도 또한 증가한다.

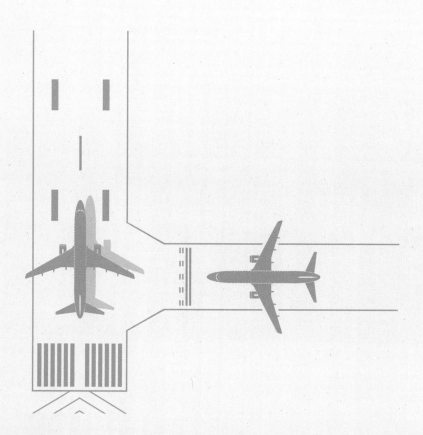

01 항공기의 구성은 4가지로 이루어져 있다. 4가지 구성요소를 말해보
시오.

02 통로가 1개인 항공기는 (   ) body, 통로가 2개인 항공기
는 (   ) body라고 한다.

03 날개는 항공기가 비행을 할 수 있게 해주는 구조물이다. 구조물을 설명하시오.

....

....

....

....

04 APU와 GPU의 차이점에 대해 설명하시오.

....

....

....

....

....

....

....

....

....

....

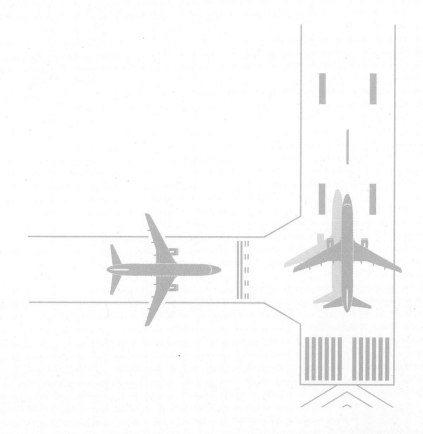

Chapter 02

객실구조

1. Cabin

1) Door

항공기에는 승객과 승무원이 탑승할 수 있도록 Door가 장착되어 있는데 일반적으로 함선으로부터 문화가 전래되어 항공기는 주로 왼쪽에 있는 Door는 승객 탑승용(Entry Door)으로 사용이 되고, 오른쪽은 Catering이나 다른 용도(Service Door)로 사용된다.

항공기 Door는 순항 중 객실의 여압을 유지하기 위해 압력 밀봉식인 Plug Door로 만들어져 순항 중 실수로 문이 열리지 않도록 제작되며 항공기 제작 시 좌석수에 대비해 적정수의 Door를 장착하도록 규정되어 있다. 이는 비상상황 발생으로 승객 탈출 시 훈련된 승무원에 의해 탈출이 진행된다는 가정하에 너무 많지도 적지도 않은 경제성을 감안한 최적의 Door를 감안해 항공기에 장착하기 위함인데, 이때 Door는 크기에 따라 Type으로 나뉘며 각 Door Type별로 탈출 가능한 승객수가 정해져 있다.

Door는 승객들이 비상탈출 시 사용할 Slide나 Slide & Raft가 장착이 되어 있는 경우도 있으며 Door에 장착된 핸들을 사용하여 열고 닫는다. Door에는 Slide를 Arming혹은 Disarming할 수 있는 레버가 있으며 밖의 상황을 확인할 수 있는 View Port가 있다.

Door는 장착된 위치에 따라 Door와 날개 위에 있는 Overwing Exit Door로 나누기도 한다.

🚪 플러그 도어

플러그 도어(Plug Door)는 양면의 압력 차를 이용하여 자체적으로 밀봉하도록 설계된 도어이며 일반적으로 기내 가압을 받는 항공기에 사용된다. 한쪽 면의 압력이 높을수록 보통 쐐기 모양의 문이 소켓에 들어가게 되어 압력이 해제될 때까지 밀봉이 잘되고 열리지 않게 제작된다. 비플러그 문은 잠금장치의 강도에 의존하여 문을 닫은 상태로 유지하는 반면, 플러그 문은 차압을 유지하여 닫힌 상태를 유지하도록 한다.

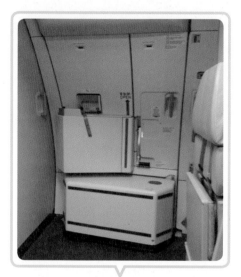
Door 〈A330 Door〉

Door 〈A350 Door〉

〈A321 R3 Door〉

〈B747 Door〉

2) Galley

Galley

객실승무원들이 승객에게 제공하는 기내식과 음료, 각종 서비스 용품들을 보관하고 있으며 서비스를 준비하는 공간이다. 커튼으로 승객들과 분리가 되며 서비스를 준비하는 동안에는 커튼을 닫지만 이착륙 시에는 커튼을 개방해야 한다. 여러 가지 시설들이 장착, 보관되어 있다. Galley 는 하단부에 식사나 음료카트를 수납하는 공간이, 중간에는 오븐이나 냉장고, Meal Rack을 넣을 수 있는 Closet, 상단부에는 Container를 넣을 수 있는 공간으로 구성되어 있다. Galley의 디자인은 각 항공사가 항공기 제작 의뢰 시 원하는 대로 제작하게 되어 있다.

Galley

① 오븐 (Oven)

갤리 중간에 위치하고 있으며 기내식을 데울 때 사용한다. 일반적으로 기내식은 오븐 랙(Oven Rack)에 담겨져 탑재되어 오븐에서 사용하게 되나 간단히 빵 등을 데울때는 오븐 랙 없이 사용되기도 한다.

ㆍ Oven

② 커피메이커 (Coffee Maker)

원두커피를 준비할 때 사용한다. 커피메이커에는 커피필로우를 담을 수 있는 컵이 있으며 기종에 따라서는 뜨거운 물을 공급받을 수 있는 Water Boiler, 커피의 온도를 유지시켜주는 Hot Plate가 같이 장착되어 있기도 하다.

🕸 Coffee Maker

③ Water Boiler

물을 뜨겁게 데워주는 기계로 차 서비스나 뜨거운 물을 이용할 때 사용한다. Water Boiler에는 밸브가 장착이 되어 있어 밸브의 손잡이로 조절하여 뜨거운 물을 공급받을 수 있다.

🕸 Water Boiler

④ Circuit Breaker Pannel

  갤리 내 각종 전열기구들의 전원을 차단하는 Circuit Breaker가 있으며, 전체의 전원
을 차단하는 Master Power Shut Off Switch가 있는 경우도 있다. 기종에 따라서는 비
상벨(Hi-jack Warning)도 있다.

Circuit Breaker

🔷 Cart Lift

⑤ Cart Lift

B747, A380과 같이 Upper Deck이 있는 경우 Main Deck에 있는 서비스 카트를 각 Deck 상호 간에 올리거나 내릴 때 사용하는 장비이다. 안전을 위해 Door와 안전바를 장착하고 있다.

⑥ 컴파트먼트 (Compartment)

갤리 상단에 주로 장착되어 있으며 서비스 용품이 들어있는 Container를 보관하는 곳이다. 역시 Door가 있는 Compartment와 Door가 없는 Compartment가 있으나 두 가지 경우 모두 Latch로 고정하게 되어 있다. Container를 중첩해서 2개가 들어가도록 공간이 되어 있는 경우도 있으며 이때에는 중간에 고정장치가 있다.

🔷 Compartment

⑦ 컨테이너 (Container)

알루미늄 합금으로 만들어져 가볍고 단단한 박스 형태로 이루어져 있으며 서비스 용품을 담을 수 있도록 제작되어져 있다. 컨테이너 내에는 물건을 수납할 수 있는 Drawer를 2개 수납할 수 있다.

 Container

⑧ Trash Bin

기내에서 발생된 쓰레기를 버리는 곳으로 갤리에 붙박이 형태로 되어 있어 쓰레기통 카트가 탑재되어야 사용할 수 있다. 입구는 해치로 막혀 있어야 한다.

Trash Bin

⑨ Trash Compactor

항공기 내에서 승객에게 제공되는 음료는 대부분 알루미늄 캔이나 테트라팩 형태로 탑재가 된다. 그래서 대부분 서비스하고 난 쓰레기들은 부피가 큰 형태로 남게 되는데 이를 효율적으로 관리하기 위해 쓰레기를 압착하는 장비가 장착이 되고 이를 Trash Compactor라고 한다. Trash Compactor는 유압의 힘으로 작동한다.

🕸 Trash Compactor

⑩ Refrigerator

일반적으로 기내식이나 음료가 담긴 카트를 보관하는 곳은 Chiller를 통해 일정 온도 이하로 관리하여 신선도를 유지한다. 이러한 경우 신속히 꺼내는 데 불편함이 있을 수 있어 기내 음료를 시원하게 보관할 Refrigerator를 장착하여 사용하고 있고 주 용도는 음료의 보관이다.

🕸 Refrigerator

⑪ Espresso Machine

　FSC 항공사는 Espresso Machine을 장착하여 승객들에게 고급스러운 Variation Coffee를 제공한다.

🕸 Espresso Machine

3) LAV

항공기 내에는 승객과 승무원이 사용하는 Lavatory가 있다. 한정된 공간을 효율적으로 이용해야 하는 만큼 Lavatory는 한 사람만 들어갈 수 있는 공간으로 이루어져 있으며 변기, 세면대, 쓰레기통으로 이루어져 있고 세면대 상판에는 칫솔이나 화장품들을 진열할 수 있는 장치가 부착되어 있다. Lavatory 내에는 화재 예방을 위해 천장에 연기 감지 시스템이 장착되어 있으며 쓰레기통에는 열 감지 소화기가 장착되어 있다.

객실승무원은 이를 점검해야 할 의무가 있으며 소화기를 육안으로 감지하기 힘든 경우 사용 유무를 알려주는 Temperature Indicator가 있다. Lavatory Door 외부에서도 열 수 있도록 장치가 되어 있으며 비상상황을 대비해 외부에서 Door를 탈착할 수도 있다. 항공사는 객실승무원에게 Lavatory 내 구조를 숙지하도록 교육하게 규정되어 있다.

⬧ LAV

4) Flight Attendant Jump Seat

Jump Seat은 객실승무원의 좌석으로 이착륙 시 발생할 비상상황에 대비해 비상구 주변에 위치하고 있고 사용하지 않을 때는 자동으로 접히도록 되어 있다.

일반 승객 좌석의 좌석벨트가 2점식인 반면에, 승무원은 4점식 Harness Belt나 2점식 좌석벨트에 어깨끈을 사용하기도 한다.

원칙적으로 승무원은 Jump Seat에 착석해야 하나 소형 기종의 경우 탑승 승무원이 Jump Seat의 수보다 많을 때 승객 좌석을 Block하여 승무원 좌석으로 사용하기도 한다.

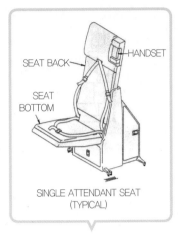

SINGLE ATTENDANT SEAT
(TYPICAL)

◈ Jump Seat

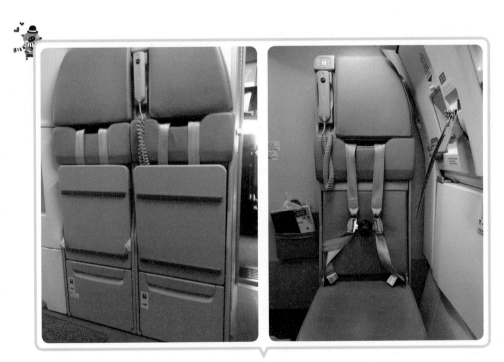

◈ Jump Seat

5) IFE System (In Flight Entertainment)

  승객들이 장시간 비행에서 오는 지루함을 없애기 위해 항공사는 예전부터 영화나 뉴스, 단편물들을 상영했었다. 2000년 이전에는 항공기에서 비디오테이프로 상영을 하게 되면 승객들은 극장처럼 의지와 상관없이 영화나 단편물 등을 상영할 수밖에 없었으나 이제는 AVOD(Audio Video On Demand) 방식으로 승객들에게 Entertainment를 제공한다. 이는 항공기 내에 설치된 서버에 영상물과 게임, 뉴스 등을 업로드해 두고 승객들은 본인의 개인 전자기기를 사용하듯 각 좌석에 장착이 되어 있는 핸드셋을 사용하여 즐기면 된다. 최신 핸드셋에는 좌석 간 통화를 할 수 있는 기능과 신용카드를 사용한 유료 위성전화가 장착되어 있는 경우도 있다.

  프리미엄 항공사의 경우 대부분의 항공기에 IFE가 장착이 되어 있으나 구형 항공기에는 아직 이전 방식인 비디오 제공 방식이나 다채널 비디오테이프 방식인 경우도 있다.

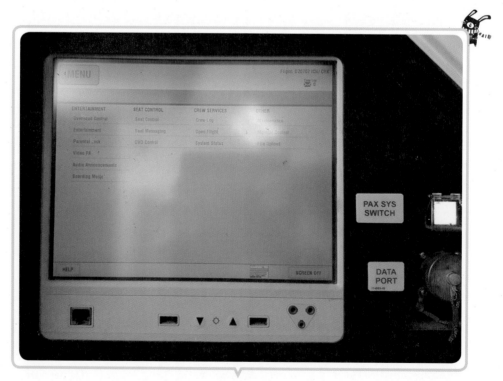

IFE

6) Airshow

Airshow는 비행 중 승객에게 해당 편 항공기에 관련된 모든 비행정보를 알려주는 시스템으로 개인용 모니터나 Wall Monitor를 통해 확인할 수 있다. Airshow에는 해당 비행기의 현재위치, 비행속도, 고도, 외부 온도, 출발지 현재시각, 도착지 현재시각, 남은 비행시간, 목적지까지의 거리 등을 화면을 통해 알려준다.

Airshow

7) PA

기내 방송을 위해 사용하는 장치이다. 일반적으로 전화기의 수화기 형태이며 인터폰과 같이 사용된다. 기내 방송 시에는 PTT(Push to Talk)라는 버튼을 누르고 방송한다.

항공법에 있어서도 운항증명소지자는 최대인가 승객 좌석이 19석을 초과하는 승객운송용 항공기 운항을 위해서는 다음에서 정한 기내 방송 시스템(Public Address System)을 장착하도록 규정이 되어 있고, 장착이 되어야 할 위치는 비상구에 착석한 승무원이 손쉽게 사용할 수 있는 위치에 있어야 한다. 또한 사용 시에는 승무원이 10초 이내 작동이 가능해야 하며, 이때 승무원이 하는 방송은 모든 승객 좌석, 화장실, 객실승무원 좌석, 업무구역에서 기내방송을 인지하고 들을 수 있어야 한다.

PA

8) Stowage

기내식이나 식음료 카트를 보관하는 곳이다. 갤리 하단부에 위치하고 있으며 Door
가 있는 Stowage와 Door가 없는 Stowage가 있으나 두 가지 경우 모두 Latch로 고정
하게 되어 있다. Full Size Cart가 들어갈 공간에 Half Size Cart 2개가 들어가는 경우에
는 중간에 고정장치가 있다.

Stowage

9) Crew Rest Bunk

장거리 비행 시 규정에 의거 항공사는 승무원에게 교대로 쉴 곳을 제공해야 한다. 이러한 규정에 의해 승무원이 휴식을 취하는 장소가 Bunk이다. 기종에 따라 Maindeck의 윗부분이나 LowerDeck 쪽에 위치하고 있다. 내부는 승무원들이 휴식을 취할 침대가 1층이나 2층으로 구성되어 있고 비상시 사용할 비상장비와 인터폰이 있으며 일반 출입구와는 달리 비상시 탈출하는 탈출구도 있다.

✤ Bunk

10) Closet

장거리 운항의 경우 갤리 내 서비스 용품들을 전부 수납하지 못하는 경우, 혹은 객실에서 직접적으로 필요한 아이템들을 수납하는 공간으로 객실과 갤리 사이 혹은 항공기 도어 옆에 위치해 있다.

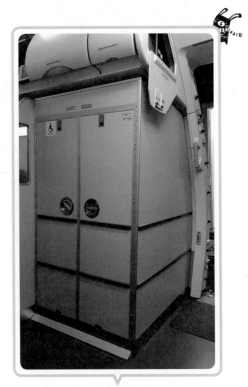

✤ Closet

11) Floor Compartment

비상장비나 각종 장비들을 수납하는 곳으로 대부분 객실 내 승객 좌석 최후방 바닥에 있다.

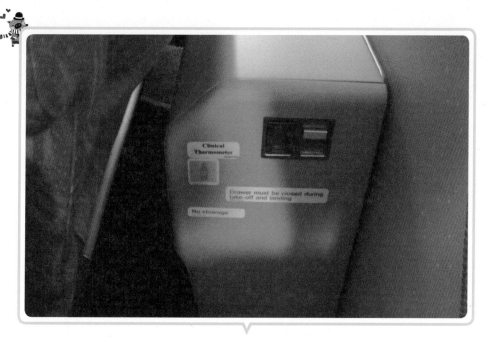

🌐 Floor Compartment

12) 선반 (Overhead Bin)

승객 좌석 위쪽에 부착되어 승객의 수하물이나 기내담요, 베개 등을 보관하는 곳으로 기종별로 선반이 내려오는 형태와 덮개가 위쪽으로 올라가는 형태가 있다. 선반 내에는 승객들의 수하물이 남아있는지를 확인할 수 있는 거울이 달려있는 경우도 있으며 외부에는 좌석번호가 있는 Decal이 부착되어 있다.

🌐 Overhead Bin

항공 규정에 특별히 정해진 바는 없지만 일반적으로 비행시간이 8시간에서 10시간이 넘어가면 항공사는 승무원들에게 임시 휴식시설을 제공하도록 자체 규정화하고 있다. 승무원들은 2교대로 휴식을 취하도록 운영하는데, 휴식을 하지 않는 1개조는 승객들에 대한 기내서비스를 지원한다. 승무원이 사용하는 임시 휴식시설은 Bunk나 Block된 승객 좌석을 이용하며 승객 좌석 사용 시 1인당 1석을 사용한다. Bunk의 경우는 Lower Deck이나 Main Deck상부에 장착되어 있다.

13) Attendant Control Panel

항공기 내 조명이나 온도 등을 조절할 수 있으며 Door의 상태나 급수 여부 등 각종 정보를 보여주는 패널이다. 대부분 승무원 Jump seat 근처에 있으며, 주로 L1 Door 근처에 Main ACP가 있다.

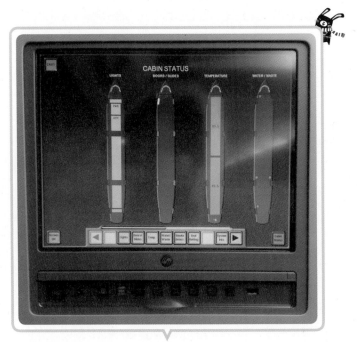

ACP

01   Galley에 있는 circuit breaker pannel의 역할은?

02   Cart lift의 역할에 대해 쓰시오.

03 IFE SYSTEM의 방식에 대해 말해 보시오.

04 PA의 역할은?

05 CREW REST BUNK란?

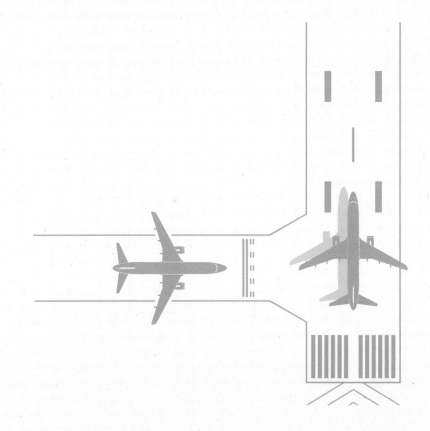

Chapter 03

대한민국의 항공사와
각 항공사별 항공기 종류

1. 대한항공 (Korean Air, KE)

1929년 조선비행학교의 설립으로 시작된 대한민국의 항공사는 대한국민항공사를 거쳐 정부 주도로 대한항공공사를 설립하였으며, 1969년 민영화를 통해 한진상사가 이를 인수하여 대한항공으로 발족하였다.

민영화된 대한항공은 보잉720 항공기를 도입하여 국제선을 운용하면서 제트기 시대를 열었으며 1971년 3월 26일 새로운 항공 협정을 통해 호놀룰루와 로스앤젤레스 운영권을 취득하였다.

1972년에는 당시 최신 기종인 미국 보잉사의 B747 점보기와 에어버스사의 A300기종 6대를 구매하여 글로벌 항공사로 도약하기 위한 기반을 다졌고, 1973년에는 서울-파리 화물노선, 1975년에는 서울-파리 여객노선을 개설하며 대한항공은 점차 건실한 항공사로 자리잡았다.

1979년에는 뉴욕 직항편을 취항했고, 1980년대까지 여객, 화물 노선을 꾸준히 확대해 나갔으며, 1991년 구 소련 해체, 1994년 중국과의 항공협정 체결로 전 세계 하늘을 연결하는 노선망을 갖추었다.

1984년 하늘색 바탕의 은색띠 그리고 볼드체의 영문 KOREAN AIR와 현재의 새 CI를 적용하여 현재까지 사용하고 있다.

2000년 스카이팀을 창립하여 회원사로 가입하였으며 현재까지 대한민국 최대 규모의 국적 항공사로서 지위를 유지하고 있다.

자회사로는 진에어가 있다.

1) 회사 개요

CEO	조양호
주소	서울특별시 강서구 하늘길 260
창립일	1969년 3월 1일
사업부문	여객/화물/항공우주/기내식/기판
항공기 보유대수	160대(2017년 8월 기준) → 여객기: 131대/화물기 : 29대 • (여객) A380-800, B747-400, B747-8i, B777-200ER/300ER/300, B787-9, A330-200/300, B737-800/900ER/900 • (화물) B747-8F, B777F
운항노선	43개국 124개 도시(2017년 8월 기준) → 국내선 : 13개 도시/국제선 : 42개국 111개 도시

2) 비전 및 미션

- 비전 : 세계 항공업계를 선도하는 글로벌 항공사
- 미션 : Excellence in Flight (최상의 운영체제, 고객 감동과 가치 창출, 변화지향적 기업문화)

3) 코드셰어 협정

대한항공은 스카이팀, 원월드 및 기타 다른 항공사들과도 코드셰어 협정을 맺고 있다. 2017년 8월 기준으로 대한항공과 코드셰어 및 마일리지 공유를 실시 중인 항공사는 다음과 같다.

KLM (스카이팀)	GOL 항공	LATAM 칠레 (원월드)	LATAM 페루 (원월드)
가루다 인도네시아 항공 (스카이팀)	델타 항공 (스카이팀)	로시야 항공 (아에로플로트의 자회사)	말레이시아 항공 (원월드)
미얀마 국제항공	방콕 항공	베트남 항공 (스카이팀)	사우디아 항공 (스카이팀)
상하이 항공 (스카이팀)	샤먼 항공 (스카이팀)	아메리칸 항공 (원월드)	아메리칸 이글 항공 (원월드)

아르헨티나 항공 (스카이팀)	아에로멕시코 (스카이팀)	아에로플로트 (스카이팀)	알래스카 항공
알리탈리아 항공 (스카이팀)	에미레이트 항공	에어 유로파 (스카이팀)	에어 세이셸
에어 타히티 누이	에어프랑스 (스카이팀)	에티하드 항공	웨스트 제트
오로라 항공 (아에로플 로트의 자회사)	일본항공 (원월드)	중국남방항공 (스카이팀)	중국동방항공 (스카이팀)
중화항공 (스카이팀)	제트 에어웨이스	진에어 (자회사)	체코 항공 (스카이팀)
케냐 항공 (스카이팀)	하와이안 항공	하이난 항공	호라이즌 항공

4) 좌석

	클래스	좌석 간 간격	좌석 너비	등받이 젖힘 각도	LCD 모니터 크기
일등석	코스모 스위트 2.0	213cm	69cm (길이 203cm)	180°	25인치
	코스모 스위트	211cm	67cm (길이 201cm)	180°	23인치
	코스모 슬리퍼 코쿤	211cm	54 cm (길이 198cm)	170°	17인치
	퍼스트 슬리퍼	211cm	53cm	180°	23인치
	퍼스트 클래스	211cm	52cm	180°	10.4인치
프레스티 지석	프레스티지 스위트	188cm	54cm	180°	17인치
	프레스티지 슬리퍼	188cm	55cm	180°	15.4인치
	프레스티지 플러스	152cm	55cm	170°	10.4인치 (일부 15.4인치)
	프레스티지 클래스	152cm	55cm	130°	10.4인치
일반석	뉴 이코노미	86cm	46cm	118°	10.6인치
	이코노미	86cm	43~46cm	118°	8.4인치
	이코노미 (국내선)	85cm	45cm	118°	미탑재

5) 스카이패스(상용고객 우대제도)

대한항공을 자주 이용하는 승객을 대상으로 한 우대제도로서 이용실적에 따라 등급을 나누어 혜택을 제공하는 제도이다. 항공 여행 거리에 따라 마일리지라는 포인트가 누적이 되며 일정 마일리지 이상 누적되었을 때는 보너스 항공권이나 좌석 승급들의 혜택을 받을 수 있다.

 회원등급

구분	모닝캄 클럽	모닝캄 프리미엄 클럽	밀리언 마일러 클럽
자격 조건	**다음의 어느 한 조건을 충족할 경우** 1) 대한항공 5만 마일 이상 탑승 2) 대한항공 40회 이상 탑승(*) 3) 대한항공 탑승실적이 3만 마일 이상이면서 제휴사 이용 실적과 합하여 5만 마일 이상 적립	대한항공 (스카이팀 포함) 50만 마일 이상 탑승	대한항공 (스카이팀 포함) 100만 마일 이상 탑승
자격 기간	자격 취득 월로부터 2년간 유효	자격 취득일로부터 평생	자격 취득일로부터 평생
자격 유지 조건	**자격기간 중 다음의 어느 한 조건을 충족할 경우 연장** 1) 대한항공 3만 마일 이상 탑승 2) 대한항공 20회(*) 이상 탑승 3) 대한항공 탑승실적이 2만 마일 또는 15회(*) 이상이면서 제휴사 이용실적과 합하여 3만 마일 이상을 적립	조건 없음	조건 없음

6) 기재 현황

- 여객기 : 131
- 화물기 : 29 (2017년 9월 기준)

여객기 : 10	여객기 : 4 화물기 : 11	여객기 : 10
A380–800	B747–400	B747–8i
화물기 : 7	여객기 : 38	화물기 : 11
B747–8F	B777–200/300ER	B777F
여객기 : 4	여객기 : 29	여객기 : 36
B787–9	A330–200/300	B737–800/900

2. 아시아나항공 (Asiana Airlines, OZ)

아시아나항공은 대한민국의 제2민영항공사로서 금호그룹에 의해 1988년 2월 서울항공으로 설립되었으며, 같은 해 8월 아시아나항공으로 사명을 변경하였다.

1989년 국내선 김포-제주노선을 시작하였고 김포-센다이 전세기를 시작으로 1990년 1월 김포-나리타 노선을 운항하면서 국제선 운항을 취항하였다.

중국과 일본을 주력노선으로 하고 동남아와 미주, 유럽에 취항하며 2003년 스타얼라이언스에 15번째로 정식 회원사로 합류하였고 세계 최대의 공항 및 항공사 서비스 평가 사이트인 스카이트랙스(Skytrax)로부터 2007년부터 2013년까지 7년 연속 5성 항공사 인증을 받았다.

자회사로는 에어부산과 에어서울이 있다.

1) 회사 개요

CEO	김수천
주소	서울특별시 강서구 오정로 443-83(오쇠동) 아시아나 타운
창립일	1988년 2월 17일
사업부문	항공운수, 토목, 건축, 설비, 전기, 통신, 로고상품, 관광, 호텔, 교육, 기내식 제조판매, 전자상거래, e-business
항공기 보유대수	83대(2017년 8월 기준) • (여객) A380-800, A350-900, B747-400/400COMBI, B777-200ER, B767-300, A330-300, A321-100/200, A320-200 • (화물) B747-400SF/400F, B767-300F
운항노선	43개국 124개 도시(2017년 8월 기준) → 국내선 : 10개 도시, 11개 노선/국제선 : (여객) 23개국, 63개 도시, 77개 노선/(화물) 11개국, 25개 도시, 22개 노선 (※운휴노선 포함)

2) 경영이념, 기업철학 및 아시아나 서비스 모토

- 경영이념 : 최고의 안전과 서비스를 통한 고객만족
- 기업철학 : 고객이 원하는 시간과 장소에 가장 안전하고, 빠르고, 쾌적하게 모시는 것
- 아시아나 서비스 모토 : 참신한 서비스 / 정성어린 서비스 / 상냥한 서비스 / 고급스런 서비스

3) 코드세어 협정

아시아나항공은 항공 동맹인 스타얼라이언스의 정회원으로 스타얼라이언스 전 회원사와 제휴 관계를 유지하고 있으며 코드세어와 통합 마일리지 시스템을 운영하고 있다. 2017년 8월 기준으로 아시아나항공과 코드세어 및 마일리지 공유를 실시 중인 항공사는 다음과 같다.

LOT 폴란드 항공 (스타얼라이언스)	S7 항공 (원월드)	남아프리카 항공 (스타얼라이언스)
미얀마 국제항공	산둥 항공	선전 항공 (스타얼라이언스)
스리랑카 항공 (원월드)	싱가포르 항공 (스타얼라이언스)	에바 항공 (스타얼라이언스)
에어서울 (자회사)	에어 뉴질랜드 (스타얼라이언스)	에어 마카오
에어 아스타나	에어 인디아 (스타얼라이언스)	에어부산 (자회사)
에어 캐나다 (스타얼라이언스)	에티오피아 항공 (스타얼라이언스)	에티하드 항공
오스트리아 항공 (스타얼라이언스)	유나이티드 항공 (스타얼라이언스)	전일본공수 (스타얼라이언스)
중국국제항공 (스타얼라이언스)	중국남방항공 (스카이팀)	카타르 항공 (원월드)
코파 항공 (스타얼라이언스)	콴타스 항공 (원월드)	타이 항공 (스타얼라이언스)
터키항공 (스타얼라이언스)		

4) 아시아나클럽

 아시아나클럽은 아시아나항공의 상용고객 우대 프로그램(Frequent Flyer Program)
으로, '아시아나 마일리지'를 기반으로 운영되고 회원이 되면 아시아나항공 및 제휴
사를 이용할 때 마일리지를 적립할 수 있으며 적립된 마일리지로 마일리지 항공권
이용, 좌석 업그레이드 등을 할 수 있다.

 아시아나클럽 우수회원 등급별 혜택

구분	골드	다이아몬드	다이아몬드플러스	플래티늄
회원자격 유지기간	24개월	24개월	24개월	평생
우수회원 탑승 보너스 마일 제공	5%	10%	15%	15%
수하물 우선 처리	O	O	O	O
대기 예약 시 우선권	O	O	O	O
대기 탑승 시 우선권	O	O	O	O
우선 탑승	X	O	O	O
마일리지 유효기간	10년	12년	12년	12년

5) 기재 현황

A380-800	A350-900

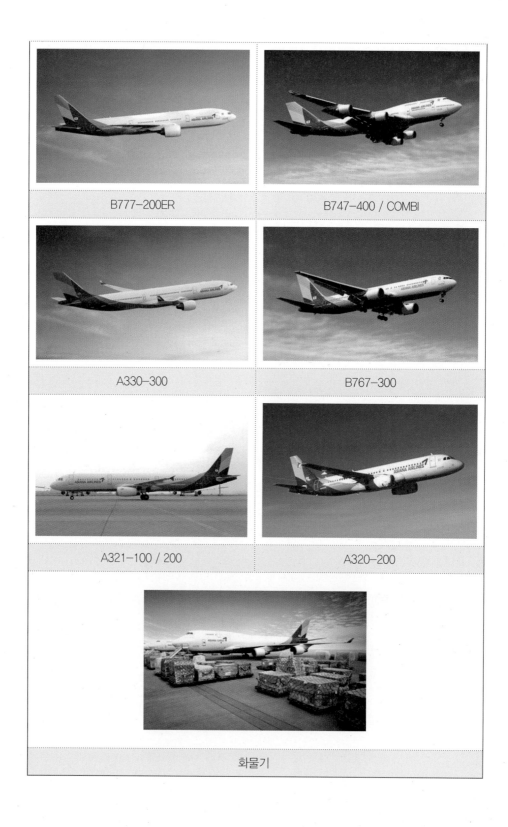

B777-200ER	B747-400 / COMBI
A330-300	B767-300
A321-100 / 200	A320-200

화물기

항공기 구조와 객실안전

3. 제주항공 (JEJU Air, 7C)

대한민국 최초의 저비용 항공사로 애경그룹과 제주특별자치도의 합작으로 설립되었다. 즉, 대한항공과 아시아나항공에 이어 대한민국의 세 번째 정기 항공운송사업자이며 최초의 LCC항공사로 출범하게 된 것이다.

전 세계에서 가장 바쁜 노선 중의 하나인 김포-제주 노선을 주력으로 하여 일본, 중국, 대만, 필리핀, 태국, 베트남, 대양주 등 아시아의 주요 노선을 김포와 인천공항을 거점으로 운항하고 있다.

제주항공은 아시아 LCC 항공 동맹인 밸류 얼라이언스의 창립 멤버로 2005년 설립 이후 고객의 합리적인 항공 여행 가격이라는 요구에 맞춰 빠른 확장을 하고 있으며 항공업계에 지속적으로 혁신을 가져오고 있다.

다만, 회사명이 제주항공이고 등기상 제주에 등록이 되어 있음에도 김포와 인천을 허브공항으로 하여 제주국제공항에서 출발하는 국제선은 없는 상황이다. LCC 특성에 맞게 보유기종은 보잉 737-800 단일기종으로 운영하고 있다.

1) 회사 개요

CEO	최규남 사장
주소	제주특별자치도 제주시 신대로 64 건설회관 3층
창립일	2005년 1월 25일
항공기 보유대수	B737-800 25대
운항노선	일본, 중국, 대만, 필리핀, 태국, 베트남, 대양주(괌,사이판) 등 아시아 주요 도시 20개 이상의 노선 운항

2) 회사의 경영이념

회사의 미션과 비전을 공유하고 회사가 추구하는 경영가치체계인 안전, 저비용, 도전, 팀워크, 신뢰의 5가지 핵심 가치를 공감하여 각자에게 부여된 사명을 성실히 수행한다.

3) 기재 현황

B737-800

4. 진에어 (JIN Air, LJ)

대한항공에서 100% 출자해 설립한 저가항공사로 처음에는 에어코리아라는 이름으로 취항준비를 하다가 CI 선포시기에 맞추어 진에어로 사명을 정하였으며 승무원들이 청바지를 유니폼으로 입는 것이 유명하다. 주력항공기는 737-800기종으로 모기업인 대한항공에서 지원받아 운영하고 있으며 저가항공사 중 최초로 Wide Body항공기기인 777-200ER기종을 도입하였다.

1) 회사 개요

CEO	대표이사 최정호
주소	서울특별시 강서구 공항대로 453 대한항공교육훈련센터 3층
창립일	2008년 1월 23일
항공기 보유대수	B737-800 20대, B777-200ER 4대
운항노선	• 중국 : 시안, 우시, 상하이, 홍콩, 마카오, 타이베이 • 일본 : 삿포로, 도쿄, 오사카, 기타큐슈, 후쿠오카, 오키나와 • 동남아 : 클락, 세부, 코타키나발루, 다낭, 하노이, 비엔티안, 방콕, 푸켓 • 대양주 및 미주 : 케언스, 호놀룰루, 괌, 사이판

2) 비전, 미션 및 슬로건

- 비전 : 아시아 대표 실용항공사, 진에어
- 미션 : 스마트 & 실용 항공사 / 딜라이트 항공사 / 안전하고 신뢰가 가는 항공사
- 슬로건 : Fly, better fly

3) 기재 현황

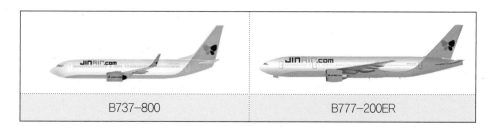

B737-800	B777-200ER

5. 에어부산 (AIR BUSAN, BX)

에어부산은 부산은행, 부산일보 등 부산 경남지역의 향토기업들과 아시아나항공 등이 출자해 만든 저비용 항공사로 대부분의 다른 국적 항공사들이 인천공항을 허브로 하는 데 비해, 부산공항을 허브공항으로 하여 운영하는 항공사이다. 아시아나항공의 계열사로서 에어버스 320시리즈를 주력으로 하여 운영하고 있다.

1) 회사 개요

CEO	대표이사 한태근
주소	부산광역시 강서구 유통단지1로57번가길 6 에어부산 사옥
창립일	2007년 8월 31일
항공기 보유대수	AIRBUS 321-200 15대, AIRBUS 320-200 6대
운항노선	• 중국 : 칭다오, 시안, 장자제, 싼야, 홍콩, 마카오, 타이베이, 가오슝 • 일본 : 삿포로, 도쿄, 오사카, 후쿠오카 • 동남아 : 세부, 다낭, 씨엠립 • 몽골 : 울란바토르 • 미주 : 괌

2) 비전, 경영이념 및 서비스 모토

- 비전 : 업계 최고 1등의 기업가치를 창출하는 아름다운 기업
- 경영이념 : 완벽한 안전, 편리한 서비스, 실용적인 가격으로 최고의 고객가치 창조
- 서비스 모토 : FLY SMART(Smile, Merry, Active, Reliable, Thankful)

3) 기재 현황

A321-200	A320-200

6. 에어서울 (AIR SEOUL, RS)

아시아나항공이 출자해 만든 두 번째 저비용 항공사로 인천공항을 허브로 운영된다. 최초 운항 허가 시 국내선을 운용하기도 했으나, 현재는 국제선만 운영하고 있다. 일본과 중국, 동남아시아를 주력 노선으로 한다.

1) 회사 개요

CEO	조규영
주소	서울특별시 종로구 새문안로 76 금호아시아나 본관
창립일	2015년 4월 7일
항공기 보유대수	AIRBUS 321-200 4대(2017년 7월 기준)
운항노선	• 일본 : 다카마쓰, 시즈오카, 나가사키, 히로시마, 요나고, 도야마, 구마모토 • 동남아 : 코타키나발루, 마카오

2) 경영이념, 기업철학 및 슬로건 기업문화

- 경영이념 : 가장 안전하고 고객에게 행복을 주는 으뜸 항공사
- 기업철학 : 누구나 즐겁게 이용할 수 있는 신뢰받는 항공사
- 슬로건 : It's mint time

3) 기재 현황

A321-200

7. 티웨이항공 (t'way, TW)

대한민국 최초 저비용 항공사로서 청주를 허브로 하여 비정기 운항을 한 한성항공이 모태가 되었다. 자금난으로 운영을 중단하다가 운영권이 여러 번 바뀌는 가운데 지금은 인천공항을 허브로 하고 있다. 2010년 현재의 사명인 t'way로 바꾸고 운영하고 있다.

1) 회사 개요

CEO	대표이사 정홍근
주소	서울특별시 강서구 하늘길 210 국제화물청사 3층
창립일	2010년 8월 16일
항공기 보유대수	B737-800 19대(2017년 7월 기준)
운항노선	• 일본 : 도쿄, 구마모토, 사가, 삿포로, 오사카, 오이타, 오키나와, 후쿠오카 • 중국 : 마카오, 싼야, 원저우, 지난, 칭다오, 하이커우, 상하이, 홍콩, 난닝, 타이베이 • 동남아 : 다낭, 방콕, 비엔티안, 호치민, 세부 • 대양주 : 사이판

2) 경영이념, 실행목표 및 슬로건

- 경영이념 : 함께하는 우리들의 항공사
- 실행목표 : 첫째도 안전, 둘째도 안전/ 가족같이 편안한 서비스/ 화합하고 배려하는 기업문화
- 슬로건 : Happy T'way it's yours

3) 기재 현황

B737-800

8. 이스타항공 (EASTAR JET, ZE)

2008년 부정기 항공운송면허를 취득하고 2009년 국내선과 국제선 정기 항공운송 면허를 취득하여 운영하고 있는 LCC항공사이다. 인천공항을 허브공항으로 사용하며 본사는 군산에 위치하고 있다.

1) 회사 개요

CEO	대표이사 최종구
주소	서울특별시 강서구 양천로 34 양서빌딩 5층
창립일	2007년 10월 26일
항공기 보유대수 및 운항노선	• B737-800 14대, B737-700 3대 • 국내선 5개 노선, 국제선 24개 노선(2017년 2월 13일 기준)
비전 및 핵심가치	• 항공여행의 대중화를 선도하고 사회공익에 기여하는 글로벌 국민항공사 • 핵심가치 : 비행안전, 고객감동, 저비용

2) 미션 및 경영이념

- 미션 : 행복주고 사랑받는 국민항공사/ 짜릿한 가격으로 추억을 선사하는 서비스/ 안전을 기반으로 하는 기업문화
- 경영이념 : 고객과 함께한다/ 최고를 추구한다/ 새로움을 추구한다

3) 기재 현황

B737-700	B737-800

9. 항공사 동맹체

1) 스타얼라이언스(Staralliance)

설립연도	1997년(세계 최초 항공사 동맹체)
취항국가	191개국
일간 항공편	18,043회
연간 총 승객 수	63,700만명
라운지 수	1,000개 이상
홈페이지 주소	http://www.staralliance.com

① 회원제도 및 혜택

ㄱ 실버 : 대기 예약 우선권, 대기 탑승 우선권

ㄴ 골드 : 대기 예약 우선권, 대기 탑승 우선권

+ 우선 체크인, 우선 탑승, 수하물 우선처리, *골드 트랙, 무료 추가 수하물 허용, 공항 라운지 이용

> **📗 *골드트랙**
>
> • 새로운 스타얼라이언스 혜택, 이를 통해 일반적인 심사 대기줄이 아닌 전용 라인으로 출입국 심사를 보다 편리하게 마칠 수 있다.
> • 본 서비스는 현재 140곳 이상의 공항에서 제공되며, 스타얼라이언스 네트워크 공항 전반으로 확대 중이다.
> • 골드 회원(이코노미 클래스 승객 포함) 및 회원 항공사의 퍼스트 클래스나 비즈니스 클래스를 이용하는 승객 모두 골드트랙 혜택을 받을 수 있다.

② 수상

● 2017년도, 2016년도 '최우수 항공 동맹체' 선정(Skytrax World Airline Awards)

● 지난 2005년 스카이트랙스 시상식에서 '최우수 항공 동맹체 상'이 신설된 이후 최초로 상을 받은 바 있으며, 금년까지 총 8차례 해당 부문 상을 수상했다.

● 2015년도 '최고 항공 동맹체' 선정(호주 여행잡지 비즈니스 트래블러)

③ 회원항공사(총 28개 회원사)

- 아시아 : 아시아나항공, 타이항공, 전일본공수, 싱가포르항공, 중국국제항공, 선전항공, 에바항공, 에어인디아
- 유럽 : 루프트한자, 스칸디나비아항공, 오스트리아항공, LOT폴란드항공, 아드리아항공, 크로아티아항공, TAP포르투갈항공, 스위스국제항공, 브뤼셀항공, 에게안항공
- 북미&남미 : 에어캐나다, 유나이티드항공, 아비앙카항공, 코파항공, 탐항공
- 오세아니아 : 에어뉴질랜드
- 아프리카 : 남아프리카항공, 에티오피아항공
- 중동 : 터키항공, 이집트항공

〈에어캐나다, 루프트한자, 타이항공, 스칸디나비아항공, 유나이티드항공은 창설 회원사〉

2) 스카이팀(Skyteam)

설립연도	2000년
취항국가	177개국
일간 항공편	16,609회
연간 총 승객 수	66,540만명
라운지 수	600개 이상
홈페이지 주소	https://www.skyteam.com

① 회원제도 및 혜택

　㉠ 엘리트 : 공항대기 우선 처리, 대기예약 우선 처리, 항공기 우선 탑승, 전용 탑
　　　승수속 카운터 이용,선호 좌석 우선 배정, 추가 무료 수하물 허용

　㉡ 엘리트 플러스 : 공항 대기 우선 처리, 대기 예약 우선 처리, 항공기 우선 탑승,
　　　전용 탑승수속 카운터 이용, 선호 좌석 우선 배정, 추가 무료 수하물 허용
　　　＋ 공항 라운지 무료 이용, 위탁 수하물 우선 처리, 일반석 예약 보장

> ### 🔲 Sky Priority
>
> · Sky Priority는 전 세계 1,000여 공항에서 전용 서비스를 제공한다.
> · 우선 수속, 우선 탑승, 수하물 처리부터 발권 데스크, 환승 데스크, 보안검색 및 입출
>   국 심사 시 우선 레인에 이르기까지 원활한 서비스를 제공한다.

② 수상

- 2016년도, 2015년도 '올해의 항공사 얼라이언스' 수상(Air Transport News
  Awards)
- Air Transport News Awards는 항공 산업계의 광범위한 영역에서 두드러진 성취
  를 기리기 위해 매년 개최, Air Transport News 구독가 최종 후보들에게 투표하
  며 업계 전문가로 구성된 심사위원단이 수상자를 결정
- 2015년도 '최고 항공사 동맹체' 선정(Latin Trade Magazine)
- 라틴 트레이드는 남미와 카리브해 지역에서 가장 영향력 있는 출판물 중 하나,
  이 매거진의 2015년 베스트 트래블 어워즈는 잡지사 그리고 비즈니스 트래블
  과 항공 업계에서 폭넓은 경험을 갖춘 기자로 구성된 편집위원회에 의해 선정
  되었다.

③ 회원항공사(총 20개 회원사)

- 아시아 : 대한항공, 중국남방항공, 중화항공, 중국동방항공, 샤먼항공, 베트남항
  공, 가루다인도네시아항공
- 유럽 : 에어프랑스, 체코항공, 알리탈리아항공, KLM, 아에로플로트, 에어유로
  TAROM

- 북미 & 남미 : 델타항공, 아에로멕시코, 아르헨티나항공
- 아프리카 : 케냐항공
- 중동 : 사우디아항공, 중동항공

〈대한항공, 에어프랑스, 델타항공, 아에로멕시코는 창설 회원사에 해당〉

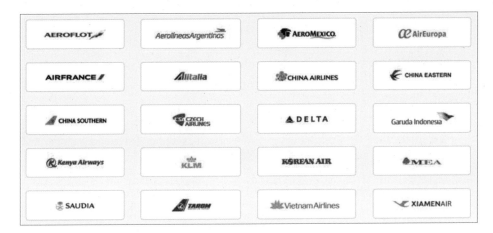

3) 원월드(Oneworld)

설립연도	1998년
취항국가	160개국
연간 총 승객 수	33,571만명
슬로건	an alliance of the world's leading airlines working as one
홈페이지 주소	https://www.oneworld.com

① 회원제도 및 혜택

㉠ RUBY : 비즈니스석 체크인 우선 순위, 선호 좌석 또는 사전 예약 좌석, 대기자 명단 및 대기 시 우선 순위

㉡ SAPPHIRE : 비즈니스석 체크인 우선 순위, 선호 좌석 또는 사전 예약 좌석, 대기자 명단 및 대기 시 우선 순위

+ 비즈니스 클래스 라운지 이용, 우선 탑승, 초과 수하물 허용, 수하물 우선 처리

ⓒ EMERALD : 비즈니스석 체크인 우선 순위, 선호 좌석 또는 사전 예약 좌석, 대기

자 명단 및 대기 시 우선 순위

＋ 비즈니스 클래스 라운지 이용, 우선 탑승, 초과 수하물 허용, 수하물 우선 처리

＋ 퍼스트 클래스 라운지 이용, 일등석 체크인 우선 순위, 패스트 트랙

② 수상

- 2016년도 '2016 Best Airline Alliance'(Business Traveller, 4년 연속 수상)
- 2015년도 '2015 Best in Business Travel Awards'(Business Traveler North America)
- 2015년도 'Best of 2015 Awards'(Premier Traveler, 3년 연속 수상)
- 2015년도 '2015 GT Tested Reader Survey Award'(Global Traveler magazine, 6년 연속)
- 2015년도 'Leading Airline Alliance 2015'(World Travel Awards, 13년 연속 수상)
- 2015년도 'On-Time Performance Award 2015'(Flightstats, 3번 수상)

③ 회원항공사(총 13개 회원사)

- 아시아 : 캐세이퍼시픽항공, 일본항공, 말레이시아항공, 스리랑카항공
- 유럽 : 영국항공, 이베리아항공, 핀에어, S7항공
- 오세아니아 : 콴타스항공
- 북미&남미 : 아메리칸항공, LATAM항공
- 중동 : 요르단항공, 카타르항공

〈아메리칸항공, 영국항공, 캐세이퍼시픽, 콴타스항공은 창설 회원사에 해당〉

4) 유플라이얼라이언스(U-FLY Alliance)

① 개요

- 홈페이지 주소 : http://www.uflyalliance.com
- 2016년 1월 18일 출범
- U-FLY 얼라이언스는 홍콩 유일의 저비용 항공사 홍콩 익스프레스를 비롯하여 4개의 동북아시아 저비용 항공사인 럭키항공(쿤밍), 우루무치항공(우루무치), 웨스트항공(충칭), 이스타항공(서울) 총 5개 항공사가 모여 운영하는 항공동맹
- 라싸에서 도쿄까지, 하얼빈에서 푸껫까지 광범위한 지역을 커버

② 회원항공사(총 5개 회원사)

- 이스타항공, 홍콩익스프레스, 럭키에어, 우루무치 항공, 웨스트에어

〈유플라이얼라이언스 회원사 취항지〉

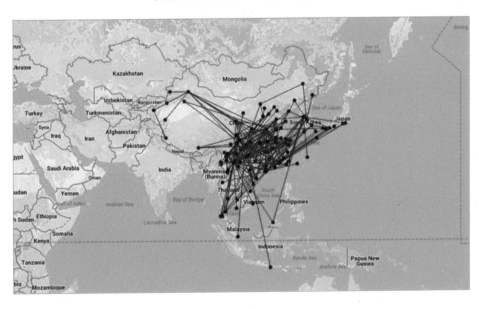

5) 밸류얼라이언스(Value Alliance)

① 개요

- 홈페이지 주소 : http://www.valuealliance.com
- 2016년 5월 16일 출범
- Value Alliance는 8개의 아시아 태평양 지역 항공사로 구성된 세계 최초의 범 지역 저비용항공사 동맹체
- 회원사들은 호주, 북아시아 및 동남아시아 전역의 17개 허브에서 160개 이상의 목적지로 전 세계 3분의 1을 대상으로 액세스를 제공

② 회원항공사(총 8개 회원사)

- 제주항공, 녹스쿠트, 녹에어, 바닐라에어, 세부퍼시픽, 스쿠트, 타이거항공, 타이거항공 오스트레일리아

〈밸류얼라이언스 회원사 취항지〉

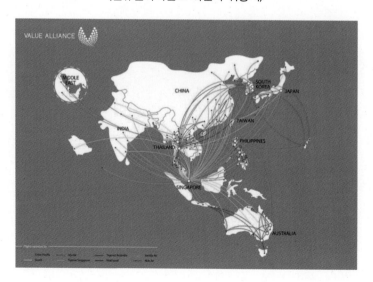

01 항공사별 소속 얼라이언스를 찾아 짝짓기하시오.

대한항공 •   • 밸류얼라이언스

아시아나 •   • 스타얼라이언스

제주항공 •   • 스카이팀

이스타 •   • 유플라이얼라이언스

항공기 구조와 객실안전

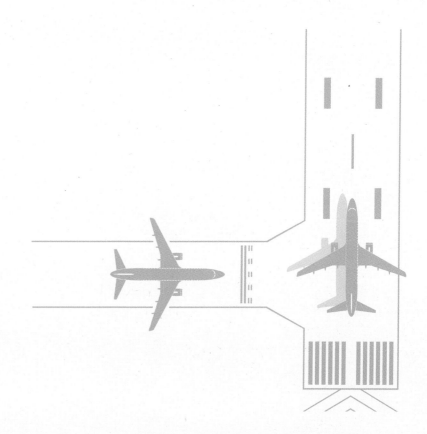

PART 02
객실 안전

Chapter 04

객실승무원의 역사

1. 객실승무원과 여승무원의 유래

객실승무원의 유래를 역사적으로 살펴보면, 1928년 독일의 항공사 Lufthansa Airlines(LH)이 베를린에서 파리까지의 구간에 남승무원이 탑승한 것이 객실승무원의 최초 흔적으로 발견된다. 원래 유럽에서는 전통적으로 남자가 Service(SVC)를 하는 것이 관례화되어 있었으며, 최고의 서비스 업무를 남성이 담당하였다는 그 당시의 시대상을 잘 보여주는 것이다.

여승무원의 효시는 1930년 북아메리카 대륙에서 발견할 수 있으며, 그 당시 남성의 전유물로 여겨졌던 비행을 아멜리아 에어하트라는 여성이 단독비행을 하면서 여성들도 비행에 대해서 관심을 갖기 시작했다. 당시 간호사였던 엘렌 처치는 조종사가 되기 위해서 훈련을 받았지만, 당시에는 여성이 조종사가 되기는 무척 어려웠으며, 이에 엘렌 처치는 미국 유나이티드 항공(United Airlines)의 전신인 보잉항공사 사장인 스티븐 스팀프슨에게 간호사라는 직업이 승무원으로 적합하다는 주장을 하게 되었다. 이에 스팀프슨은 젊은 여성을 승무원으로서 기용하면 호감도가 높을 것이라는 것과 간호사의 탑승으로 항공여행에 불안을 느끼는 승객들에게 심리적으로 안심을 시킬 수 있다는 예측을 하게 되었다.

이에 8명의 간호사 출신 여승무원들은 San Francisco(SFO)에서 Chicago(CHI) 노선에 커피와 샌드위치를 제공하는 등의 기내 서비스를 시작하여 이들을 '오리지널 8'이라고 칭하였으며, 세계 최초의 Stewardess 1호가 된 것이다. 8명의 간호사 출신 여승무원들의 친절한 서비스는 많은 승객들로부터 호평을 얻게 되었고, 이를 바탕으로 하여 미국의 20여개 항공사들이 경쟁적으로 여성 객실승무원 제도를 도입하게 되었다. 유럽 전역에도 여승무원들의 활약이 시작되어 Air France(AF) 전신인 파아망 항공사(Farman Airlines)가 국제선 승무원을 탑승시키는 것을 시작으로 1934년에는 Swiss Air(SR)에서, 1935년에는 Klm Royal Dutch Airlenes(KL)가 1938년에는 LH가 객실 여승무원 제도를 도입하여 여승무원의 길이 열리게 되었다.

우리나라는 1947년 7월 15일 North West Airlines(NW)가 국내 취항을 하며 한국인 여승무원을 현지 승무원으로 채용함으로써 '스튜어디스'로 근무하게 되었다. 최근 항공업의 발전과 더불어 점차적으로 객실서비스가 경쟁의 초점이 되어 객실승무원의 중요성이 더욱 높아지고 있다.

> ### 📖 최초 승무원의 업무 매뉴얼
>
> - 이륙 후 객실의 파리를 잡는다.
> - 불씨 남은 담배를 창문 밖으로 던지는 승객에게 경고를 준다.
> - 어떤 상황에서도 순발력을 발휘한다.
> - 불안해하는 승객을 돕는다.

2. 관련 규정 및 용어

1) 승무원

승무원이란 항공운송사업자 및 항공기사용사업자에 의하여 비행근무시간(Flight Duty Period) 동안 항공기에 탑승하여 임무를 수행하도록 임무가 부여된 운항승무원과 객실승무원을 말한다.

2) 객실승무원

항공기에 탑승하여 비상시 승객을 신속하고 안전하게 탈출시키는 임무를 수행하고 평상시 기내 안전업무를 수행하는 승무원으로 승객의 안전을 도모하기 위해 운영

자 또는 기장으로부터 부여된 임무를 수행하는 승무원을 말하며, 선임객실승무원은 비행 중 승객 통제를 포함한 객실안전절차를 최종 확인하도록 운항증명 소비자로부터 임무를 부여받은 객실승무원을 말한다. 법규정에는 항공운송사업자 및 항공기사용사업자에 의하여 비행근무시간(Flight Duty Period) 동안 항공기에 탑승하여 임무를 수행하도록 임무가 부여된 자를 말하며, 항공안전관련 주요 임무(Safety-sensitive functions in aviation)를 부여받는다.

3) 선임객실승무원 (Senior Cabin Attendant)

선임객실승무원이라 함은 비행 중 승객 통제를 포함한 객실안전절차를 최종 확인하도록 운항증명소지자로부터 임무를 부여받은 객실승무원을 말한다.

4) 항공안전관련 중요임무 종사자

운항승무원, 객실승무원, 비행교관, 운항관리사, 항공정비사, 항공교통관제사(국토교통부 또는 군 항공교통관제시설에 종사하는 자는 제외)를 말한다.

5) 비행중요단계 (Critical Phases of Flight)

순항비행을 제외한 지상활주, 이륙 및 착륙을 포함한 고도 1만피트 이하에서 운항하는 모든 비행을 말한다. 이는 항공기 사고의 대부분이 이착륙 중에 발생이 되며 운항승무원들의 업무가 가장 많이 집중되는 구간이기도 하다.

6) 근무와 비행근무시간, 비행시간

근무(Duty)란 회사가 승무원에게 요구하는 모든 임무로서 비행근무, 행정업무, 훈련, 비임무이동 및 대기시간을 말하며 비행근무시간(Flight Duty Period)은 승무원이 1개 또는 연속되는 2개 구간 이상의 비행이 포함된 근무로 비행근무가 시작된 시점부터 항공기가 정지하여 비행근무가 종료된 시점까지를 이야기한다. 비행시간은 항공기가 이륙을 목적으로 최초 지상이동을 시작한 때부터 비행을 마치고 완전히 종료한 시점을 말한다. 객실승무원은 1개월(역월)에 120시간, 3개월(분기)에 350시간, 1년(역년)에 1,200시간 이상을 비행하도록 승무계획을 할 수 없다.

7) 휴식시간 (Rest)

휴식시간이란 근무로부터 벗어나 있는 연속적이고 한정된 시간을 말하며 객실승무원의 비행근무 및 지상휴식시간 기준은 다음과 같다.

객실승무원 추가탑승에 따른 객실승무원 지상휴식시간의 단축				
계획된 비행근무 시간(시간)	요구되는 추가 객실승무원	지상 휴식시간	인가된 감축 휴식시간	휴식감축을 취한 경우 차기 휴식시간
14 이하	0	8	8	10
14-16	1	12	10	14
16-18	2	12	10	14
18-20	3	12	10	14

주1. 항공운송사업자는 객실승무원이 연속되는 7일에 연속되는 24시간 이상의 휴식을 취할 수 있도록 하여야 한다.

주2. 정비, 천재지변, 악기상 등으로 인하여 최소 지상휴식시간을 부여하지 못한 경우, 규정된 최소 지상휴식시간을 부여한 것으로 간주한다.

3. 객실승무원의 업무 규정

1) 객실승무원의 업무 우선순위

객실승무원의 업무에는 우선순위가 있다. 업무의 우선순위는 중요도에 따른 업무의 순위를 말하는 것이 아니다. 모든 업무는 동일하게 중요시 되고 있으며 중요함 또한 균등하게 나누어 승무원들이 해야 한다. 다만, 동시 다발적으로 업무가 발생할 경우 먼저 해야 할 순위를 나타낸 것이다. 객실승무원의 업무 우선순위는 다음과 같다.

① 비상탈출 및 탈출상황 대비업무(Emergency Evacuation)

② 항공안전 및 보안업무(In flight Safety & Security)

③ 승객지원(Passenger Assist)

④ 기내서비스(Hospitality & In flight Service)

2) 객실승무원의 탑승 수

여객기에 승객이 탑승할 때 객실승무원은 일정한 수 이상을 유지하여야 한다. 항공법 예하 운항기술기준에 따라 최소한 장착된 좌석 50석당 1명의 객실승무원이 탑승하여야 하나 각 기종별 특성에 따라 기종별 최소 승무원 탑승 수는 국토교통부로부터 인가된 운영기준에 따라 정한다. 따라서 운항을 위해 여객기에 승객이 탑승하고 있을 때는 최소 탑승 승무원 수보다 많은 승무원이 탑승하여야 한다. 또한 지상에 주기하고 있는 항공기에 승객이 탑승하고 있을 때 최소 승무원의 수는 인가된 인원의 2분의 1 이상이 되어야 하며 최소 한 명 이상이어야 한다. 근래 도입되고 있는 최신 항공기의 경우 규정을 조금 더 강화해 항공기 Door의 개수만큼 승무원을 탑승하도록 규정하는 경우도 있다.

3) 객실승무원 근무규정

① 승무시간

- 1개월은 매월 1일부터 말일까지이며, 1년은 매년 1월 1일부터 12월 31일까지로 한다.
- 최대승무시간은 1개월 120시간, 3개월 350시간, 1년 1,200시간을 초과하여 승무계획을 하여서는 안 된다.
- 객실승무원은 연속되는 7일에 연속되는 24시간 이상의 휴식을 취할 수 있어야 하며 연속되는 24시간 중 동일 구간을 비행하는 경우로 비행예정시간이 8시간이 초과하는 경우 지정된 임시 휴식시설에서 2교대 휴식을 취하도록 운용하여야 한다. 연속되는 24시간 동안의 비행근무 후 지상에서의 휴식시간은 각 항공사 규정에 따른다.
- 단 정비, 천재지변, 악기상 등으로 인하여 최소 지상휴식시간을 부여하지 못한 경우, 규정된 최소 지상휴식시간을 부여한 것으로 간주한다.

② 금주, 마약 및 약물금지의 의무

승무원은 승무 시작 12시간 전부터 승무 완료 시까지 금주를 하여야 하고, 승무 당시 혈중 알코올농도가 0.03%를 초과하여서는 아니 되며, 음주측정에 응해야 할 의무가 있다. 또한 직무수행에 영향을 줄 수 있는 약물을 사용 중일 때는 승무원으로서 임무를 수행할 수 없으며 의사의 처방을 받아 치료목적으로 복용할 경우 회사에 알려야만 한다.

4. 객실승무원의 일반적인 안전업무 절차

1) 비행 전 업무

① 출근 및 Show Up

승무원은 배정받은 비행임무를 수행하기 위해 회사에서 정한 장소로 출근을 해야 한다. 항공기나 선박의 경우 정시에 출발하는 것이 원칙이기에 승무원들은 정한 시각에 브리핑을 시작해야 한다. 따라서 완전한 비행준비를 마치고 정해진 시간에 브리핑 장소에 참석한 후 운항을 위한 브리핑을 한다. 비행준비는 다음과 같다.

② Show Up

승무원은 회사에서 정한 방법에 따라 Show Up 확인을 한다. 확인방법으로는 항공사마다 지정된 단말기에 입력하거나 서류에 사인한다. 브리핑 참석 전 해당일 배정받은 비행임무를 수행하기 위해 준비를 한다.

 Ⓐ 비행정보 점검 및 준비

- 당일 비행할 항공기의 기종과 등록번호 비행편명과 Code Share 편명 확인
- Door 작동방법과 Slide Mode 변경방법, 비상장비의 위치 및 작동법 확인
- Cabin Crew Manual의 개정상태 확인
- 해당편의 출발시간과 목적지 도착시간, 비행시간 확인
- 탑승 승객의 예약상황과 해당편의 특이사항 확인
- 출발 Spot 확인
- 도착지 정보 확인
- 최신 공지 확인

승무원 make-up

ⓑ 이미지 메이킹 점검

- 유니폼의 청결상태
- 앞치마의 다림질상태
- Hair Do 및 Make Up
- 기내화와 램프화의 광택

③ 객실 브리핑

선임객실승무원의 주관하에 전 승무원이 지정된 브리핑 장소에 참석하게 되면 당일 비행에 대한 브리핑을 실시한다.

- Duty Assign과 각 Door 담당 승무원을 배정
- 비상구열 착석 승객에 대한 임무 확인 및 주의사항 확인
- 비상상황 처리절차, 비상장비 및 보안사항 확인
- 비행정보 확인
- 예약 상황과 이에 따른 각 클래스별 특이사항을 안내함(VIP/CIP, SPML, UM, WCHR)
- 최신 공지 확인 및 회사의 업무지시 안내
- 선임객실승무원의 비행 중점사항과 SVC Plan을 안내

브리핑

④ 합동 브리핑

객실 브리핑이 끝나고 나면 지정된 장소에서 운항승무원들과 함께 합동 브리핑을 실시한다. 이때 브리핑 장소는 회사에서 지정된 장소로 개별 브리핑 룸이 될 수도 있으나 대부분 항공기 안에서 하는 경우가 많다. 합동 브리핑은 PIC(Pilot In Command) 주관하에 이루어지며 브리핑 시 포함되어야 할 사항은 다음과 같다.

- 운항승무원 소개
- 운항편명, 비행구간, 항공기 기종 및 등록부호
- 탑승구 번호와 예상 탑승객 수 및 탑재화물량
- 해당 비행의 항로, 비행고도, 비행시간
- 출발공항지의 기상과 활주로 현황
- 목적지 기상현황과 예보, 대체공항 안내
- 승무원 상호 간 협조사항
- 비행 중 발생할 비정상 상황과 비상 상황 시 절차 확인
- 보안사항 확인
- 기타 운항과 관련된 협조사항 논의

2) 비행업무

① 승객 탑승 전 안전업무

항공기에 탑승한 승무원은 제일 처음 본인이 휴대한 짐과 용품들을 적정한 장소에 보관하면서 배정된 지역의 비상장비와 보안장비를 점검한다. 이를 Pre Flight Check 라고 하는데, 세부사항은 다음과 같다.

- 비상탈출과 관련된 장비로 Door의 상태와 구명조끼, 메가폰, ELT 등을 확인한다.
- 화재진압장비로 각 종류의 소화기와 PBE, 화장실 내 화재진압장비, 747-Combi 기의 Cargo 내 장비 그리고 감압장비로 O_2 Bottle과 마스크, MRT 등을 확인한다.
- 구급장비로 FAK, EMK, AED, UPK 등을 확인한다.
- 인터폰과 PA상태를 점검한다.
- 보안장비를 확인한다.

- 승객브리핑 장비를 확인한다. 승객브리핑은 시연장비와 상영장비가 있어 브리핑 상영 시 모니터 상태도 확인해야 한다.
- 비상등의 상태를 확인한다.
- 객실 내에 인가되지 않은 물품이 있는지 확인한다.
- 객실 내에 비인가자가 출입하는지 확인한다.

MEL

비행기에 장착된 장비는 크게 운항에 필수적인 탑재장비와 필수탑재장비가 있다. 필수탑재장비로는 MEL(Minimum Equipment List)이라고 하여 장비가 사용 불가한 상태일 경우 대체재를 설정하지 않으면 운항이 불가한 장비가 있다. 해당 장비의 경우는 객실승무원이 필히 작동 가능 유무를 확인하여야 하며, 사용 부적절 상태임에도 보고되어 교체되거나 대안 설정되지 않은 채 운항을 하게 되면 객실승무원에게 과중한 과실이 발생하게 된다.

② 객실 설비 및 서비스 용품 점검

- 기내 조명과 엔터테인먼트 시스템을 점검한다.
- 승객 좌석에 장착된 테이블의 상태를 확인한다.
- 기내 서비스 용품의 탑재 여부를 확인한다.
- 화장실 내 세면대에 물이 잘 빠지는지, 물비누는 잘 나오는지, 변기는 잘 작동하는지 점검한다.
- 객실 내 청소상태를 확인한다.
- 갤리 내 오븐과 커피메이커, Water Boiler의 작동상태를 확인한다.
- 기내식의 탑재량을 확인하고 해당 노선에 필요한 서비스 용품과 기물이 적정하게 탑재되었는지 확인한다.

③ 승객 탑승 (Boarding)

승무원들은 정해진 탑승위치에서 승객들에게 환영인사(Welcome Greeting)와 함께 승객들을 맞이한다. 비행에 있어 첫 대면하는 순간으로 좋은 첫인상을 남길 수 있도록 밝은 표정과 목소리로 적극적인 응대를 하는 것이 좋다. 제한된 시간에 승객들이 효율적으로 탑승할 수 있도록 승객들의 좌석을 안내해드리며 승객들이 소지한 수하물도 적정한 공간에 보관될 수 있도록 도와드릴 필요가 있다. 승객 탑승 시 승무원이 해야 할 안전업무와 승객지원업무는 다음과 같다.

- 승객의 탑승을 모니터링하면서 승객의 수하물 보관상태를 확인한다.
- 비상구열에 적정한 승객이 착석하는지 확인한다.
- 비상구열 승객에게는 개별 브리핑을 한다.
- 비상구열 및 Bulkhead Seat의 앞 공간에는 짐을 둘 수가 없으므로 승객의 짐이 방치되지 않도록 한다.
- 중복으로 배정된 좌석이 있으면 공항서비스 직원에게 알려 승객들의 좌석이 재배치되도록 한다.
- 규정에 어긋나는 수하물이 기내에 발견되면 공항 직원에게 연락하여 위탁수하물로 처리를 한다.
- 승객의 탑승이 완료되면 모든 승객들이 착석과 좌석벨트 착용상태 및 Overhead Bin의 닫힘 상태를 승무원들이 확인한다.

④ Door Close

승객 탑승이 완료되면 선임객실승무원은 지상직원으로부터 출항에 필요한 서류를 수령한다. 이때 필요한 서류로는 승무원 명단인 GD(General Declaration), 승객 명단인 PM(Passenger Manifest), 화물탑재서류인 Cargo Document가 있으나 항공사의 노선별로 탑재가 되지 않는 경우도 있다. 서비스 운영에 필요한 서류로 탑승객의 정보가 있는 SHR(Special Handling Request)을 수령한다. 이곳에는 VIP, CIP, UM, SPML승객, Handicap승객, 상용고객들의 좌석 번호와 특이사항들이 담겨 있다. 또한 각 항공사의 전달시스템에 따른 Company Mail도 있는 경우 수령한다. 모든 서류들이 수령되고 특이사항들이 확인되면 기내 일반직원들이 잔류하고 있지는 않은지, 요청된 추가 서비스 용품들이 탑재되었는지 확인하고 기장과 통제실에 보고한 후 선임객실승무원이 항공기의 Door를 닫는다. 이후 절차는 다음과 같다.

Door Close가 완료되면 선임객실승무원은 방송을 통해 승무원이 담당 Door로 위치할 수 있도록 안내한다. 모든 승객들이 착석을 하고 승무원들이 Door Side에 위치하면 Slide Mode를 PA를 통해 변경할 수 있도록 명령하고 이를 수행한 승무원들은 보고한다. 전 항공기의 Door가 Armed가 되면 선임객실승무원은 기장에게 Push Back 준비가 되었음을 알린다.

Slide Mode 변경 후에 방송담당 승무원은 Welcome 방송을 하고 방송담당자 외의 승무원들은 담당구역의 앞으로 가서 승객들에게 Welcome Greeting을 한다.

항공기 지상 이동 후 승객브리핑을 한다. 승객브리핑은 장비를 통한 시연이 있고

🔲 비상구열 승객 착석규정 (운항기술기준 별표 8.4.7.9 비상구열 좌석)

객실승무원은 다음 각 호에 열거된 하나 이상의 적합한 기능을 수행할 수 없다고 판단되는 승객을 비상구열 좌석에 앉혀서는 아니 된다.

1) 활동성, 체력 또는 양팔이나 두 손 및 양다리의 민첩성이 다음 각 목의 사항을 수행하기에 충분치 않은 자
   가) 비상구나 탈출용 슬라이드 조작장치에 대한 접근
   나) 탈출용 슬라이드 조작장치를 잡고 밀거나 당기고 돌리거나 조작
   다) 밀거나 당기거나 하는 등의 동작을 통한 비상구 개방
   라) 날개 위의 창문형 비상구를 들어 올리거나 분리된 부분을 옆자리로 옮기거나 다음 열로 옮기는 등의 동작
   마) 날개 위의 창문형 비상구와 비슷한 크기와 무게의 장애물 제거
   바) 신속한 비상구로의 접근
   사) 장애물 제거 시 균형의 유지
   아) 신속한 탈출
   자) 탈출용 슬라이드 전개 또는 팽창 후 안정유지
   차) 탈출용 슬라이드로 탈출한 승객이 슬라이드로부터 벗어날 수 있도록 하는 동작
2) 15세 미만이거나 동반자의 도움 없이 상기 1호에 열거된 하나 이상의 역할을 수행하기에 불충분한 자
3) 이 규정 제8장에 의거 항공운송사업자에 의해 글 또는 그림의 형태로 제공된 비상탈출에 관한 지시를 읽고 이해하지 못하거나 승무원의 구두지시를 이해하지 못하는 자
4) 콘텍트렌즈나 안경을 제외한 다른 시력 보조장비 없이는 위에 열거한 기능을 하나 이상 수행할 수 없는 자
5) 일반적 보청기를 제외한 다른 청력 보조장비 없이는 승무원의 탈출지시를 듣고 이해할 수 없는 자
6) 다른 승객들에게 정보를 적절하게 전달할 수 있는 능력이 부족한 자
7) 승객의 상태나 책임, 예를 들어 어린이를 돌보기 때문에 상기 1호에 열거된 하나 이상의 역할을 수행하는 데 방해가 되는 자 또는 이러한 역할을 수행할 경우 해를 입게 되는 자

모니터를 통한 상영이 있다. 항공사는 두 가지 방법 중 하나를 선택하여 승객들에게 안내한다. 승객브리핑 시 기내 조명은 DIM으로 한다.

승객브리핑이 끝나면 전 승무원들은 담당구역의 이륙 전 최종점검을 한다. 이때 전자기기 규정에 따라 승객들에게 안내하고 유동물질들은 고정시키며 승객들이 사용하던 테이블과 등받침은 제자리로 한다. 또한 서비스된 용품도 회수한다.

🔲 운항기술기준 내 승객브리핑 규정

항공기 이륙 전 아래의 사항들이 전부 승객에게 안내되어야 한다.
1) 흡연제한과 금지
2) 비상구 위치와 사용방법
3) 좌석벨트 또는 어깨 끈(harnesses) 사용방법
4) 구명동의 등 비상부양장비 위치와 사용방법
5) 소화기 위치 및 사용방법(객실승무원이 탑승하지 않는 경우에 한함)
6) 이·착륙 전 좌석 등받이 조절
7) 해면고도 12,000피트 이상의 고도로 운항 시 산소의 정상 및 비상 사용방법
8) 승객용 브리핑 카드를 포함하여 개인이 사용하도록 제공되는 다른 비상장비

⑤ Before Take off

승객들의 안전점검이 완료되면 승무원은 본인의 Jump Seat에 착석하여 좌석벨트 혹은 하네스벨트(harness Belt)를 착용하고 30 Second Remind를 실시한다. 항공기가 지상 이동을 시작한 시점부터 10,000ft에 도달할 때까지는 비행중요단계[1]라고 하여 Sterile Cockpit 규정을 준수한다.

항공기의 사고를 분석한 결과에 의하면 이륙 후 3분과 착륙 전 8분 사이에 발생하는 경우가 약 80%에 해당하여 이를 'Critical 11 Minute'라고 하며 관리하고 있다.

30 Second Remind는 이·착륙 시 발생할 비상상황 시 승무원이 취해야 할 행동을 미리 생각하는 것으로 사고 시 승무원 자신과 승객들의 효율적인 비상탈출을 위해 다음의 사항들을 이미지 트레이닝한다.

---

1 '비행중요단계(Critical Phases of Flight)'라 함은 순항비행을 제외한 지상 활주, 이륙 및 착륙을 포함한 고도 1만피트 이하에서 운항하는 모든 비행을 말한다. - 운항기술기준 8.1.2.12 용어에 정의

- 사고 직감 시 승무원의 안전을 위한 Brace 자세 및 승객들에게 안내할 사항과 방법
- 비상구 위치와 작동법
- 비상탈출 가능 여부의 상황판단
- 비상탈출 순서
- ABP 선정 및 선정방법
- 비상탈출 시 도움이 필요한 승객 파악

Crew Brace Position은 발바닥은 바닥에 붙이고 등과 허리는 벽면에 밀착하며 두 손은 Jump Seat를 잡는다. 승무원의 얼굴이 항공기 전방을 향해 있는 경우 고개는 숙이고 항공기 후방을 향하는 경우에는 머리를 Jump Seat에 붙인다.

Sterile Cockpit Rules란 (FAR 121.542 / FAR 135.100~-Flight Crew Member Duties)

(a) No certificate holder shall require, nor may any flight crew member perform any duties during a critical phase of flight except those duties required for the safe operation of the aircraft. Duties such as company required calls made for non-safety related purposes as ordering galley supplies and confirming passenger connections, announcements made to passengers promoting the air carrier or pointing out sights of interest and filling out company payroll and related records are not required for the safe operation of the aircraft.

(b) No flight crew member may engage in, nor may any pilot in command permit, any activity during a critical phase of flight which could distract any flight crew member from the performance of his or her duties or which could interfere in any way with the proper conduct of those duties. Activities such as eating meals, engaging in non-essential conversations within the cockpit and non-essential communications between the cabin and cockpit crews, and reading publications not related to the proper conduct of the flight are not required for the safe operation of the aircraft.

(c) For the purposes of this section, critical phase of flight involves all ground operations involving taxi, takeoff and landing, and all other flight operations conducted below 10,000 feet, except cruise flight.

Note: Taxi is defined as "movement of an airplane under its own power on the surface of an airport."

⑥ 비행 중 업무

이륙 후 10,000ft가 지나 좌석벨트 사인이 꺼지게 되면 승무원들의 비행 중 근무가 시작이 된다. 비행 중 승무원의 업무로는 크게 안전과 기내서비스로 분류할 수 있는데, 이때 발생되는 안전업무는 대부분 주기적으로 발생되는 정규 업무가 아닌 비정상적으로 발생하는 상황에 대해 대응하는 업무이다. 따라서 정기적으로 수행하는 업무는 승객들에 대한 기내서비스 업무가 대부분을 차지한다.

기내 서비스 업무는 크게 국내선과 국제선의 업무로 나누어지며, 국제선의 업무도 항공기의 기종, 노선, 비행시간에 따라 세분화되어 나누어진다.

⑦ 착륙 전 업무

항공기가 목적지에 접근해 강하를 시작하면 승무원들은 진행이 되었던 기내서비스를 마감하고 착륙 준비를 시작한다. 즉, 승객들에게 제공이 되었던 서비스 용품들을 회수하고 갤리 또한 착륙을 대비할 수 있도록 사용하던 기물들을 정리한다. 항공기 하강 중 10,000ft를 지나 비행중요단계가 시작되면 승무원들은 착륙준비절차(Preparation for landing)를 시작한다.

⑧ 착륙 후 업무

항공기는 착륙 후 유도로를 거쳐 공항 청사에 도착하기 위해 지상 활주를 한다. 이때에는 역시 비행중요단계가 적용이 되며 비행중요단계는 항공기 정지 후 좌석벨트 착용 등이 꺼질 때까지 계속된다.

가끔씩 항공기가 엔진을 정지하고 공항 사정에 의해 Towing Car에 의해 지상이동을 하거나 주기장에 완전히 주기하였으나 항공기 후미에 화물이 많을 경우 지지대를 설치하는 경우에는 역시 비행중요단계는 지속되기 때문에 승객들의 이동을 제지하여야 한다. 항공기가 완전히 주기한 후 좌석벨트 착용등이 꺼지면 각 탈출구의 슬라이드를 Disarmed로 변경한 외부직원과의 수신호를 확인한 후 항공기 문을 열고 승객들의 하기를 진행한다. 모든 승객들이 하기하고 나면 승무원들은 승객들이 남기고 간 수하물이 있는지 확인하고 승무원들도 하기한 다음 Debrifing을 진행한다. 항공기가 모기지가 아닌 곳에 주기하여 승무원들에게 차기 비행이 남아있을 경우 항공기내에는 최소 승무원은 남아있어야 한다.

5. 객실승무원 훈련

객실승무원은 항공안전법 제76조 및 시행규칙 제218조에 따라 각 항공사별로 객실승무원 자격을 취득하기 위해 운항기술기준에서 정한 교육을 하는 필수 교육과 각 항공사별로 기내 업무를 수행하는 데 필요한 직무기술을 익힐 수 있는 교육으로 구성되어 있다.

1) 객실승무원 탑승 근무 자격과 안전훈련

객실승무원으로 근무한 경험이 없는 자를 항공기에 승무원 자격으로 탑승하기 위해서는 초기훈련(Initial Training)을 이수하여야 한다. 초기 훈련을 이수한 경우 한 개의 기종에 탑승할 자격이 주어진다.

초기 훈련을 이수한 승무원이 다른 항공기의 탑승 자격을 가지기 위해 기종훈련(Transition)을 받아야 한다.

기종훈련은 해당 항공사가 보유하고 있는 모든 기종의 훈련을 받아야 하고 이후 해당 기종에 근무할 수 있는 자격이 주어지게 된다. 이러한 승무원 자격은 1년간 유효하며 지속적인 자격 유지를 위해 정기훈련(Recurrent Training)을 받게 된다.

⬡ 안전훈련

정기훈련을 받아야 할 기간은 정기훈련의 실시월과 그 전후의 각 1개월을 포함하는 3개월의 기간이다.

정기훈련을 이수하지 못한 승무원은 승무자격이 상실되는데 자격을 복원하기 위해 재자격훈련(Requalification)을 받는다. 재자격훈련을 이수한 승무원은 정기훈련을 이수한 것으로 간주되어 승무자격이 유지된다. 다만, 정기/재자격훈련 최종 이수 날짜로부터 만 36개월이 초과하면 승무자격이 박탈되어 자격취득을 위한 초기 훈련을 다시 이수하여야 한다.

일정기간 승무원 근무 후 선임객실승무원(사무장, 캐빈매니저)으로 임용되기 위해서는 역시 사무장 안전훈련을 이수해야 한다. 훈련내용은 각 항공사 프로그램에 따른다.

2) 직무교육

각 항공사는 필수적으로 이수해야 하는 교육훈련 외에 항공사가 원하는 서비스를 운영하기 위해 직무훈련을 실시한다. 이는 항공사가 자사의 서비스 정체성을 유지하는 데 필요한 요인으로 해당 항공사에서 근무해야 하는 승무원들에게 자사의 서비스 표준을 익히고 훈련하여 서비스 품질을 유지하는 데 있다. 기본적인 사항으로 서비스 응대 관련하여 인사자세와 상황에 맞는 서비스 인사법, 승무원으로서의 기본적인 매너와 에티켓, 이미지 메이킹, 워킹, 기내방송 등 근무자격과는 상관없이 진행이 되는 교육이 있으며 프리미엄 항공사의 경우 세분화된 클래스에 따라 각 클래스별 서비스 절차와 클래스에 맞는 식음료 구성 및 서비스 방법, 식음료 외에 제공되는 서비스 아이템의 구성 및 서비스 방법 등을 교육받으며 저가형 항공사의 경우도 제공되는 서비스 형태에 따라 서비스 표준과 절차를 교육한다.

3) 항공사 절차 기본교육

항공사는 승무원을 임용하기 위해 항공당국으로부터 인가받은 항공사 절차 기본 교육을 해야 한다. 이는 운항승무원과 운항관리사 또한 받아야 하는 교육으로 해당 항공사의 조직, 운영범위, 행정절차, 항공사의 정책 및 절차, 승무원에게 적용되는 매뉴얼, 운항규정부분, 해당 법 규정에 관한 사항이며 40시간을 이수해야 한다.

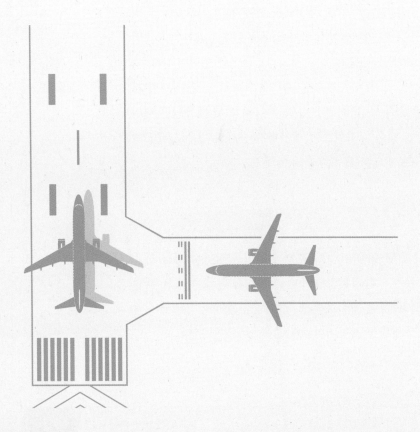

01 객실승무원의 임무는?

02 비행중요단계에 대해 설명하시오.

03 객실승무원의 업무 우선순위에 대해 설명하시오.

04 30 Second Remind에 대해 설명하시오.

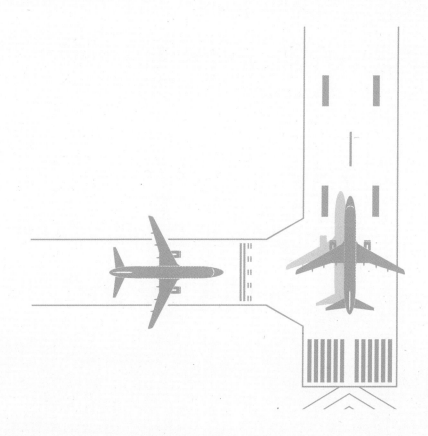

PART 03
객실승무원의
안전업무

Chapter 05

업무 절차 (Procedure)

1. 안전 정책과 절차 (Safety Policy and Procedure)

항공기에 탑승하는 객실승무원은 관련된 적용규정과 법규정에서 요구되는 사항을 이해하고 인지하여 비행근무 시 규정에 따른 절차를 수행할 수 있어야만 한다. 이때 관련된 적용 법규정은 항공안전법 예하 운항기술기준(Flight Safety Regulations)이다. 또한 각 항공사별 승무원에게 적용되는 매뉴얼(Cabin Crew Manual)에 따라 안전업무를 수행한다.

2. 비상절차 (General Emergency Procedure)

1) 승무원 간 통신과 협조

① 정상적인 상황에서의 통신과 신호

항공사는 승무원 간의 표준 신호체계를 수립하여 의사소통을 하는 표준을 수립한다. 일반적으로 대한민국 국적 항공사의 경우 의사소통의 공식 언어는 한국어와 영어로 정한다. 또한 항공기 내 인터폰과 조종실에서 발생할 수 있는 차임벨(Chime)로 의사소통을 한다. 차임벨은 낮은 소리(Low Chime)와 높은 소리(High Chime)로 구분되며 또한 횟수로도 구분이 된다. 높은 소리의 경우는 승객이 승무원을 호출할 경우 발생이 되는데 좌석이나 화장실에서 승무원 호출 버튼(Attendant Call)을 누를 시 발생이 된다. 승무원 간 호출을 할 경우 인터폰에서 다른 스테이션으로 연결을 하면 해당 스테이션에서는 높은 소리(High Chime)와 낮은 소리(Low Chime)가 연이어 발생한다. 그리고 조종실에서 객실 내에 현재의 비행체제 변화를 안내할 경우 시점에 따라 낮은 소리(Low Chime)의 횟수로 구분하여 안내한다. 또한 대한민국 국적기의 경우 항공기 납치를 대비해 항공기 납치가 발행할 경우 캐빈에서 조종실로 알려주는 비상벨(Hi jack Warning Bell)이 있다.

② 비상 상황에서의 통신과 신호

⊘ 비상 상황

기내에서 비상상황이 발생하였을 때 승무원 상호 간 인지할 수 있는 신호를 규정하여야 한다. 일반적으로 인터폰에 있는 붉은색 버튼을 활용하며 대부분 승무원 간의 호출인 High-Low Chime이 3회 연속 울린다. 따라서 일반적인 승무원 간 호출이 High-Low Chime 1회인 것에 차이가 있어 비상상황을 알리는 High-Low Chime 3회가 울리게 되면 승무원들은 비상상황의 발생을 짐작하고 최우선적으로 인터폰을 들어 상황을 수신하여야 한다.

⊘ 비상탈출 상황

비정상적인 착륙이나 일반적인 착륙 후 지상 활주 중이라도 긴급히 비상탈출할 상황이 발생하였을 때 각 항공사별로 비상탈출을 알리는 신호를 규정하여야 한다. 일반적으로 '비상탈출(Evacuate)'이라는 용어를 사용하며 이러한 명령을 듣게 되면 승무원들은 승객들의 비상탈출을 진행한다. 명령어는 되도록 PA를 사용하여 다른 승무원 및 승객에게 전파를 하는 것이 이상적이나, 기체의 전원 사용이 불가할 경우 메가폰이나 육성으로 전파한다.

요즘 제작하는 새로운 기종들에는 Evacuation Horn이라는 장치가 있어 조종실이나 선임객실승무원이 해당 버튼을 누를 경우 비프음이 Door 근처에서 울리게 되며 이로써 객실승무원들은 비상탈출 상황을 인지할 수 있도록 되어 있다.

2) 감압 (Decompression)

항공기는 일반적으로 약 33,000ft 상공에서 비행을 하며, 이때 기내고도는 약 8,000ft정도를 유지하게 된다. 이는 순항고도인 33,000ft 상공이 0.2기압으로 지상 1기압 대비 5분의 1밖에 되지 않아 사람이 살 수 있는 환경이 아니다. 따라서 기내는 별도의 여압장치를 가동해 8,000ft 상공에 있는 것과 같이 만들어진다. 이때는 엔진을 통해 유입되는 공기를 압축하고 적정온도로 유지하여 캐빈 내로 공급하게 되고, 이를 통해 불편함 없이 항공기 내 사람들이 호흡할 수 있게 된다. 하지만 기체에 손상이 발생하거나 여압장치 등에 고장이 생기면 기내의 압력이 떨어져 기내에 있는 공기들이 밖으로 나가는 등 사람이 살 수 없는 환경이 발생하게 된다. 이를 감압이라고 한다.

일반적으로 항공기에 감압이 발생해 기내 고도가 14,000ft 이상이 되면 항공기는 자동적으로 각 승객 좌석 위, 승무원 Jump seat 주변에 있는 산소마스크가 떨어지며 좌석벨트 착용 표시등이 켜짐과 동시에 미리 녹음된 방송이 자동으로 흘러나오게 된다. 이때 승무원은 즉각적으로 제일 가까이에 있는 마스크를 착용하고 몸을 고정시키며 승객들에게도 안내한다. 이러한 상황에서는 항공기 내 공기의 밀도가 낮아져 호흡을 하기 힘들어지는데, 이때 승객 머리 위 패널부분과 승무원 Jump seat 위쪽에서 산소마스크가 나와 승객과 승무원이 호흡을 할 수 있게 된다. 이때 사용되는 장치는 기존 여압장치와는 독립적으로 작동이 되는 장치로 크게 화학반응식 산소공급장치(Chemical Oxygen Generator)와 산소탱크방식(O2 Tank)이 있다. 화학반응식 공급장치는 각 장치당 2~6개의 마스크가 달려 있고 산소탱크방식은 항공기 동체 하부에 대형 산소탱크가 있고 이를 각 마스크로 산소를 공급해준다. 항공기에는 110%의 산소마스크가 장착이 되어 있다. 또한 승무원들이 안전한 고도에 이르렀을 때 착륙 전까지 승객들을 돌볼 때 사용하는 휴대용 산소(Portable O_2 Bottle)도 있다.

① 감압의 종류

- 완만한 감압(Slow Decompression) : 감압이 천천히 일어나는 경우로 인지하지 못하는 경우도 있으며, 귀가 멍멍하거나 바람이 새는 소리가 들리는 경우도 있다.
- 급격한 감압(Rapid Decompression) : 감압이 급격히 일어나는 경우로 즉각적으로 인지가 가능하며, 승무원들은 절차에 따라 진행을 한다.

② 감압 시 승무원의 조치

- 근처의 산소마스크를 착용함과 동시에 빈 좌석에 착석한다. 빈 좌석이 없으면 기내 고정장치를 잡아 승무원의 안전을 확보한다.

- 안전고도에 도달하게 되면 착륙 시도 전까지 휴대용 산소통을 메고 마스크를 착용한 상태로 승객을 돌보거나 착륙준비를 한다.

3) 기내 화재

일반적으로 기내 화재의 유형은 발생 원인에 따라 크게 두 가지의 경우로 구분할 수 있는데, 첫 번째는 항공기 내부에서 사용하는 전기의 누전에 의해 발생하는 전기적 화재로서 전원이 공급되는 기내 전기설비의 과부하나 누전에 의해 발생된다. 캐빈 내부에서 전기적 화재의 주된 발생장소로는 승객에게 음식을 제공하기 위한 음식을 조리할 수 있는 Galley로서 Oven, Coffee Maker, Water Boiler 등 전기를 소모하고 발열을 하는 장비들이 화재의 원인이 되기도 한다. 또는 Oven 내 의도적이지 않게 들어간 메모지 같은 이물질에 의해 화재가 나는 경우도 있고 동체와 캐빈 사이 공간에 있는 각종 배선에서 발생하는 합선에 의해서도 일어날 수 있다.

두 번째로는 부주의한 기내 흡연이다. 항공기 내의 금연 정책과 항공보안법으로 규제하고 있어 기내 흡연이 자주 발생하지는 않지만 문제는 승무원이 통제할 수 없는 공간인 화장실 내에서 흡연하는 승객들로 화재가 발생하기도 한다.

기내 화재는 항공기 내부의 폐쇄된 공간에서 발생한다는 특성 때문에 탑승객에 치명적이다. 일반적인 지역에서의 화재와는 달리 항공기 내에서는 화재로부터 안전하게 대피할 수 있는 방법이 없을 뿐 아니라, 기내 화재로부터 발생되는 유독가스와 화재로 인해 줄어드는 산소의 양 때문에 특히 치명적이라고 할 수 있다. 따라서 항공기 내에는 항공안전법에 따라 적정량의 소화기를 탑재 및 분산배치하여야 한다. 이때 사용되는 소화기는 물소화기와 Halon소화기를 각 화재의 종류에 따라 사용한다.

화재 진압 시 승무원들은 호흡보호장비(Protective Breathing equipment)를 머리에 착용한 후 화재를 진압하는데, 해당 장비는 화재 진압 시 승무원의 시야와 호흡을 확보해 주고 의사소통 또한 가능하게 해준다.

① 기내 화재 발생 시 조치사항

- 다른 객실승무원들에게 상황을 알리고 도움을 청한다. 화재의 종류에 따라 주변의 담요나 옷 등으로 덮어 화재를 진화하도록 한다.
- 승무원 중 한 명은 조종실로 연락을 유지하며 화재의 위치와 특성, 불꽃의 색깔이나 화재로 인한 냄새 등을 기장에게 알린다.

- PBE를 착용하고 화재 특성에 맞는 소화기를 사용하여 화재 진압을 한다.
- 승객들을 진정시키며 필요할 경우 화재로부터 대피시킨다.

② 화재 지역별 진압절차

- Oven 화재의 경우 Oven의 문을 닫아 산소의 유입을 최대한 차단함과 동시에 전원을 차단한다. 그리고 Halon소화기로 화재를 진압한다.
- 화장실 화재의 경우 화장실 내 경보음으로 화재를 감지하는데, 이러한 경우 일단 화장실 내 사람이 있는지를 확인한다. 사람이 없을 경우 화장실 문에 손등을 대어 화재의 크기를 확인하는데 위에서 아래로 내려가면서 확인한다. 화장실 내 화재가 크다고 생각할 경우 화장실의 문을 조심스럽게 연 후 소화기를 사용하여 화재를 진압한다.

4) Turbulence (난기류)

기류를 타고 운항을 하는 항공기는 가끔 항로 중에 난기류대를 통과한다. 이때 항공기는 작은 흔들림부터 사람이 서 있지 못할 정도로 흔들리게 되는데, 이러한 흔들림에 안전사고가 발생할 수 있다.

따라서 이러한 난기류가 예상될 때 기장은 캐빈 내의 좌석벨트 착용 표시등을 켜서 이를 안내하고, 이를 인지한 승무원들은 승객에게 좌석에 착석할 것과 좌석벨트를 맬 것을 방송한다.

난기류의 정도에 따라 Light, Moderate, Severe 등으로 나누기도 하나, 일반으로 항공사에서는 좌석벨트 착용등이 점등될 때 발생하는 Low Chime으로 구분하는데, 1번이면 Light, 2회면 Moderate나 Severe Turbulence로 나눈다.

항공기 승무원이나 선임객실승무원은 난기류의 정도에 따라 승객들에 대한 서비스를 지속할지 중단할지 여부를 결정하게 된다.

또한 국지적인 하강기류가 나타나는 곳에서는 항공기가 수평상태로 급격히 고도가 낮아지는 현상이 발생하는데, 이를 에어포켓(Airpocket)이라고 한다. 에어포켓은 주로 열대지방을 지나갈 때 가끔 발생하며, 심하게는 항공기가 50m 이상 하강하여 승객과 승무원, 항공기 캐빈 내 인테리어가 손상되기도 한다.

5) 환자 발생

항공기로 승객을 수송하는 경우 기내에서 환자가 발생하는 경우가 있다. 일반적으로 가벼운 복통이나 급체, 혹은 뜨거운 물질에 의한 화상이나 상처 발생으로 인한 출혈 등 즉시 조치 가능한 경우도 있지만 당뇨병이나 각종 지병에 의한 의식상실이나 급작스러운 심정지, 기내 분만과 같은 응급의 상황이 발생할 수 있다. 이러한 상황에서 승무원들은 환자의 상태 호전을 위해 조치를 해야 하는데, 이때 승무원이 해야 하는 조치로는 기내에 의사나 간호사 같은 의료진이 있을 경우 도움을 받기 위해 호출(Paging)을 실시하며 의료진의 도움을 받지 못할 경우 응급처치를 시행한다.

응급처치자인 승무원은 본인의 신분을 환자나 일행에게 알리고 처치에 대한 동의를 받는다. 환자의 병력을 확인하여 조치 가능한 것들은 지원하고, 의식과 호흡이 없는 경우는 구조호흡을 실시하며, 맥박까지 없는 경우 CPR을 실시한다. 의료진이 있을 경우 충분히 지원하며 기내에 AED와 Emergency Medical Kit이 있는 경우 의료진에게 알려 사용 여부를 결정하도록 한다. 이러한 사항들은 전부 기록이 되어야 하며, 모든 상황은 기장에게 알린 후 상황을 공유하여야 한다.

6) 승객 탑승 중 재급유

승객이 탑승해 있거나 탑승이나 하기하는 동안 항공기는 원칙적으로 재급유를 하지 못하도록 되어 있다. 다만, 해당 공항의 규정에 따라 허가를 득한 경우 재급유를 실시할 수 있으며, 이때 연료보급은 조건부로 실시가 된다. 이때의 조건은 각 항공사별 규정에 따른다.

3. 정상적인 승무원의 업무와 절차

ICAO에서 규정한 객실승무원의 일반적인 업무 절차는 회사에 Show-up한 시각부터 비행이 종료되어 Debriefing 시까지 객실승무원이 수행해야 할 업무에 대해 권유하고 있다. 따라서 항공사에서는 승무원의 업무에 대해 규정하고 관리 및 감독할 의무가 있으며, 일반적인 업무는 다음과 같다.

1) 일반적인 업무

객실승무원은 매뉴얼에 포함된 내용들을 언제나 숙지하고 준수하여야 하며, 특히 본인에게 할당된 Duty와 Task를 잘 이해하고 수행해야 한다. 비행근무 중에는 매뉴얼을 필히 소지를 하고 근무하여야 하며, 기내 적절한 장소에 보관하여야 한다. 이때 매뉴얼은 내용을 최신상태로 유지 및 보수하여야 한다.

각 항공사별 표준 신호체계에 대한 규정도 잘 준수하여야 하며, 비행 중 주기적으로 객실과 화장실을 확인하여야 한다.

2) 승객 탑승 전과 탑승 시

담당구역의 비상장비와 보안장비, 인터폰과 PA를 점검하여 선임객실승무원에게 보고하여야 하며, 승객브리핑 장비의 사용 가능 여부를 확인한다. 서비스 용품의 탑재 확인 및 사용준비와 함께 객실 내에 인가되지 않은 인원이 출입하거나 물품들이 반입되지 않는지를 확인하고 통제하여야 한다. 승객 탑승 중에는 승객들이 원활한 탑승이 유지되도록 안내하며 동시에 만취하거나 비이상적인 행동을 보이는 승객의 동향을 확인하여야 한다. 또한 객실 내 반입불가 품목이 반입되거나 반입규격보다 큰 수하물이 반입되지 않는지 확인한다. 그리고 적정한 규격의 기내 반입 수하물들도 규정에서 허용하는 장소에 수납이 되는지 확인하여야 한다.

수하물이 수납된 OHB(Over Head Bin)도 정확하게 닫혀 있는지 확인하여야 한다.

비상구열 좌석에 승객이 착석할 경우 해당 승객의 적정성 여부를 확인한 후 적정할 경우 승객에게 비상구열 개별 브리핑을 실시하며 비상탈출에 대비하여 비상구 주변에는 장애물이 없도록 유지한다.

3) 지상 이동 전

모든 수하물, 서비스 카트 및 용품들이 적정한 곳에 보관이 되어 있고 고정이 되어 있는지 확인을 해야 하고 모든 승객들이 좌석에 착석하여 좌석벨트를 매고 있어야 하며 좌석등받이, 개인용 모니터, 테이블과 발받침 등이 제 위치에 고정이 되어 있는지 확인한다. 이때 Seat Belt 1개를 만 2세 이상인 자 2명이 동시에 사용하는 것은 허용되지 아니한다. 모든 상황이 준비되면 각 비상구의 슬라이드 모드를 Armed로 변경한다. 항공기가 출항을 위한 지상 이동의 경우 탈출용 슬라이드가 준비되지 않거나 비상탈출구로 접근을 방해하는 기내 휴대 수하물 및 기타 물건이 치워지지 않을 경우, 승객서비스용 식기류나 음식, 좌석 등받침 등이 원위치에 있지 않을 경우, 또는 승무원에 대한 승객의 불법간섭행위가 발생한 경우에는 항공기가 출항을 위한 지상 이동을 할 수가 없다.

4) 지상 이동 및 이륙 시

비행중요단계 규정을 준수하면서 승객브리핑을 시연 및 상영한다. 이때 안전업무를 하지 않는 승무원은 Jump Seat에 앉아 Seat Belt와 Shoulder Harness를 착용하며 객실승무원은 '30 Second Remind'를 한다. 이때 객실 조명은 Dim으로 한다.

5) 순항 중

항공사별 계획된 서비스를 진행하면서 조종실 주변의 안전과 보안을 유지한다. 객실은 좌석벨트 착용표시 신호에 따라 절차를 수행한다.

6) 착륙 전

비행중요단계 시 Sterile Cockpit을 준수하고 승객의 좌석 등받이, 개인용 모니터, 테이블을 원위치로 하며 수하물의 보관상태를 확인한다. 승객들에게 서비스된 컵이나 기물들을 수거하고 GLY 내 유동물을 고정하며 화장실 내 승객이 있는지 확인한다. 객실 조명은 Dim으로 하고 업무가 완료되면 객실승무원도 Jump Seat에 앉아 30 Second Remind를 한다.

7) 착륙 후 및 승객 하기 시

항공기가 주기장에 완전히 주기하여 안전이 확보되면 선임객실승무원은 Silde Mode를 Disarmed로 변경하고 승무원들은 승객의 하기를 돕는다. 승객 하기 후 객실 내 잔류 승객이나 유실물이 있는지 확인한다. 차기 비행이 지속되어 항공기 내 잔류할 경우 항공기 내 인가된 인원과 물품을 통제하며 잔류자는 최소 승무원 수를 유지한다.

4. 객실승무원의 비행 전 업무

1) 출근 및 Show Up 준비

승무원은 배정받은 비행임무를 수행하기 위해 회사에서 정한 장소로 출근을 해야한다. 항공기나 선박의 경우 정시에 출발하는 것이 원칙이기에 승무원들은 정한 시각에 브리핑을 시작해야 한다. 따라서 완전한 비행준비를 마치고 정해진 시간에 브리핑 장소에 참석한 후 운항을 위한 브리핑을 한다. 비행준비는 다음과 같다.

객실승무원의 휴대품

⊘ 필수 휴대품

- 직원카드(ID Card)와 승무원 등록증
- 여권과 비자
- Cabin Crew Manual

⊘ 필요 휴대품

- Flight Bag
- 방송문
- 앞치마 혹은 서빙웨어
- 기내화, 램프화
- Memo Pad, 필기구, 손전등
- 간단한 화장품류

2) Show Up

승무원은 회사에서 정한 방법에 따라 Show Up 확인을 한다. 확인방법으로는 항공사마다 지정된 단말기에 입력하거나 서류에 사인한다. 브리핑 참석 전 해당일 배정받은 비행임무를 수행하기 위해 준비를 한다.

① 비행정보 점검 및 준비

- 당일 비행할 항공기의 기종과 등록번호, 비행편명과 Code Share 편명 확인

- Door 작동방법과 Slide Mode 변경방법, 비상장비의 위치 및 작동법 확인
- Cabin Crew Manual의 개정상태 확인
- 해당편의 출발시간과 목적지 도착시간, 비행시간 확인
- 탑승 승객의 예약상황과 해당편의 특이사항 확인
- 출발 Spot 확인
- 도착지 정보 확인
- 최신 공지 확인

② 이미지 메이킹 점검

- 유니폼의 청결상태
- 앞치마의 다림질상태
- Hair Do 및 Make Up
- 기내화와 램프화의 광택

🪪 승무원이 ID카드를 꼭 패용해야 하는 이유

일반적으로 전 세계 모든 공항은 보안 통제구역이다. 따라서 보안 규정에 따라 출입할수 있는 자격을 출입자에게 부여한다. 예를 들어, 탑승권(Boarding Pass)을 가지고 있는 승객은 공항청사 내 대합실과 항공기만을 출입할 수 있으며 공항에서 근무하는 그들의 업무에 따라 출입할 수 있는 허가지역이 있고 제한된 지역이 있다. 이러한 정보를 공항 출입 ID에 담고 있다.

그렇다면 승무원의 공항 출입허가지역은 어떻게 확인할까?

만약 일반적인 공항 보안 규정을 적용한다면 승무원은 취항하는 모든 공항별로 출입허가정보를 다 소지하여야 하는데 그렇게 된다면 불필요한 행정이 될 것이다. 그렇기에 전세계적으로 비행이 계획된 승무원들은 유니폼을 착용하고 해당 항공사의 ID를 패용했을때 출항 공항의 터미널과 항공기를 출입할 수 있게 허용하였다.
이것이 승무원이 비행 시 꼭 ID카드를 패용해야 하는 이유이다.

3) 객실 브리핑

선임객실승무원의 주관하에 전 승무원이 지정된 브리핑 장소에 참석하게 되면 당일 비행에 대한 브리핑을 실시한다.

- Duty Assign과 각 Door 담당 승무원을 배정
- 비상구열 착석 승객에 대한 임무 확인 및 주의사항 확인
- 비상상황 처리절차, 비상장비 및 보안사항 확인
- 비행정보 확인
- 예약 상황과 이에 따른 각 클래스별 특이사항을 안내함(VIP/CIP, SPML, UM, WCHR)
- 최신 공지 확인 및 회사의 업무지시 안내
- 선임객실승무원의 비행 중점사항과 SVC Plan을 안내

4) 합동 브리핑

객실 브리핑이 끝나고 나면 지정된 장소에서 운항승무원들과 함께 합동 브리핑을 실시한다. 이때 브리핑 장소는 회사에서 지정된 장소로 개별 브리핑 룸이 될 수도 있으나 대부분 항공기 안에서 하는 경우가 많다. 합동 브리핑은 PIC[1] 주관하에 이루어지며 브리핑 시 포함되어야 할 사항은 다음과 같다.

- 운항승무원 소개
- 운항편명, 비행구간, 항공기 기종 및 등록부호
- 탑승구 번호와 예상 탑승객 수 및 탑재화물량
- 해당 비행의 항로, 비행고도, 비행시간
- 출발공항지의 기상과 활주로 현황
- 목적지 기상현황과 예보, 대체공항 안내
- 승무원 상호간 협조사항
- 비행 중 발생할 비정상 상황과 비상 상황 시 절차 확인

---

1 Pilot In Command

- 보안사항 확인
- 기타 운항과 관련된 협조사항 논의

5. 비행업무

1) 승객 탑승 전 안전업무

항공기에 탑승한 승무원은 제일 처음 본인이 휴대한 짐과 용품들을 적정한 장소에 보관하면서 배정된 지역의 비상장비와 보안장비를 점검한다. 이를 Pre Flight Check 라고 하는데, 세부사항은 다음과 같다.

- 비상탈출과 관련된 장비로 Door의 상태와 구명조끼, 메가폰, ELT 등을 확인한다.
- 화재진압장비로 각 종류의 소화기와 PBE, 화장실 내 화재진압장비, 747-Combi 기의 Cargo 내 장비 그리고 감압장비로 O_2 Bottle과 마스크, MRT 등을 확인한다.
- 구급장비로 FAK, EMK, AED, UPK 등을 확인한다.
- 인터폰과 PA상태를 점검한다.
- 보안장비를 확인한다.
- 승객브리핑 장비를 확인한다. 승객브리핑은 시연장비와 상영장비가 있어 브리핑 상영 시 모니터 상태도 확인해야 한다.
- 비상등의 상태를 확인한다.
- 객실 내에 인가되지 않은 물품이 있는지 확인한다.
- 객실 내에 비인가자가 출입하는지 확인한다.

⬚ MEL(Minimum Equipment List)

비행기에 장착된 장비는 크게 운항에 필수적인 탑재장비와 필수탑재장비가 있다. 필수탑재장비로는 MEL(Minimum Equipment List)이라고 하여 장비가 사용 불가한 상태일 경우 대체재를 설정하지 않으면 운항이 불가한 장비가 있다. 해당 장비의 경우는 객실승무원이 필히 작동 가능 유무를 확인하여야 하며, 사용 부적절 상태임에도 보고되어 교체되거나 대안 설정되지 않은 채 운항을 하게 되면 객실승무원에게 과중한 과실이 발생하게 된다.

2) 객실 설비 및 서비스 용품 점검

- 기내 조명과 엔터테인먼트 시스템을 점검한다.
- 승객 좌석에 장착된 테이블의 상태를 확인한다.
- 기내 서비스 용품의 탑재 여부를 확인한다.
- 화장실 내 세면대에 물이 잘 빠지는지, 물비누는 잘 나오는지, 변기는 잘 작동하는지 점검한다.
- 객실 내 청소상태를 확인한다.
- 갤리 내 오븐과 커피메이커, Water Boiler의 작동상태를 확인한다.
- 기내식의 탑재량을 확인하고 해당 노선에 필요한 서비스 용품과 기물이 적정하게 탑재되었는지 확인한다.

3) 승객 탑승 (Boarding)

승무원들은 정해진 탑승위치에서 승객들에게 환영인사(Welcome Greeting)와 함께 승객들을 맞이한다. 비행에 있어 첫 대면하는 순간으로 좋은 첫인상을 남길 수 있도록 밝은 표정과 목소리로 적극적인 응대를 하는 것이 좋다.

제한된 시간에 승객들이 효율적으로 탑승할 수 있도록 승객들의 좌석을 안내해드리며 승객들이 소지한 수하물도 적정한 공간에 보관될 수 있도록 도와드릴 필요가 있다.

승객 탑승 시 승무원이 해야 할 안전업무와 승객지원업무는 다음과 같다.

- 승객의 탑승을 모니터링하면서 승객의 수하물 보관상태를 확인한다.
- 비상구열에 적정한 승객이 착석하는지 확인한다.
- 비상구열 승객에게는 개별 브리핑을 한다.
- 비상구열 및 Bulkhead Seat의 앞 공간에는 짐을 둘 수가 없으므로 승객의 짐이 방치되지 않도록 한다.
- 중복으로 배정된 좌석이 있으면 공항서비스 직원에게 알려 승객들의 좌석이 재배치되도록 한다.
- 규정에 어긋나는 수하물이 기내에 발견되면 공항 직원에게 연락하여 위탁수하물로 처리를 한다.

● 승객의 탑승이 완료되면 모든 승객들이 착석과 좌석벨트 착용상태 및 Overhead Bin의 닫힘 상태를 승무원들이 확인한다.

🚪 승객 비상구열 좌석(Passenger exit row seats)

비상구로 직접 접근할 수 있는 승객 좌석으로서 승객이 비상구로 접근하기 위하여 통과하여야 할 탈출구 내측 좌석에서부터 통로까지의 좌석 열을 말한다. 직접접근할 수 있는 승객 좌석이라 함은 통로를 거치거나 또는 장애물을 우회함이 없이 똑바로 탈출구로 접근할 수 있는 좌석을 의미한다. (운항기술기준 본문 8.1.2 용어의 정의)

⚜️ 비상구열 좌석

객실승무원은 다음 각 호에 열거된 하나 이상의 적합한 기능을 수행할 수 없다고 판단되는 승객을 비상구열 좌석에 앉혀서는 아니 된다.

1) 활동성, 체력 또는 양팔이나 두 손 및 양다리의 민첩성이 다음 각 목의 사항을 수행하기에 충분치 않은 자

   가) 비상구나 탈출용 슬라이드 조작 장치에 대한 접근
   나) 탈출용 슬라이드 조작장치를 잡고 밀거나 당기고 돌리거나 조작
   다) 밀거나 당기거나 하는 등의 동작을 통한 비상구 개방
   라) 날개 위의 창문형 비상구를 들어 올리거나 분리된 부분을 옆자리로 옮기거나 다음 열로 옮기는 등의 동작
   마) 날개 위의 창문형 비상구와 비슷한 크기와 무게의 장애물제거
   바) 신속한 비상구로의 접근
   사) 장애물 제거 시 균형의 유지
   아) 신속한 탈출
   자) 탈출용 슬라이드 전개 또는 팽창 후 안정유지
   차) 탈출용 슬라이드로 탈출한 승객이 슬라이드로부터 벗어날 수 있도록 하는 동작

2) 15세 미만이거나 동반자의 도움 없이 상기 1호에 열거된 하나 이상의 역할을 수행하기에 불충분한 자

3) 이 규정 제8장에 의거 항공운송사업자에 의해 글 또는 그림의 형태로 제공된 비상탈출에 관한 지시를 읽고 이해하지 못하거나 승무원의 구두지시를 이해하지 못하는 자

4) 콘텍트렌즈나 안경을 제외한 다른 시력 보조장비 없이는 위에 열거한 기능을 하나 이상 수행할 수 없는 자

5) 일반적 보청기를 제외한 다른 청력 보조장비 없이는 승무원의 탈출지시를 듣고 이해할 수 없는 자

6) 다른 승객들에게 정보를 적절하게 전달할 수 있는 능력이 부족한 자

7) 승객의 상태나 책임, 예를 들어 어린이를 돌보기 때문에 상기 1호에 열거된 하나 이상의 역할을 수행하는 데 방해가 되는 자 또는 이러한 역할을 수행할 경우 해를 입게 되는 자

4) Door Close

승객 탑승이 완료되면 선임객실승무원은 지상직원으로부터 출항에 필요한 서류를 수령한다. 이때 필요한 서류로는 승무원 명단인 GD(General Declaration), 승객 명단인 PM(Passenger Manifest), 화물탑재서류인 Cargo Document가 있으나 항공사의 노선별로 탑재가 되지 않는 경우도 있다. 서비스 운영에 필요한 서류로 탑승객의 정보

가 있는 SHR(Special Handling Request)을 수령한다. 이곳에는 VIP, CIP, UM, SPML승객, Handicap승객, 상용고객들의 좌석 번호와 특이사항들이 담겨 있다. 또한 각 항공사의 전달시스템에 따른 Company Mail도 있는 경우 수령한다. 모든 서류들이 수령되고 특이사항들이 확인되면 기내 일반직원들이 잔류하고 있지는 않은지, 요청된 추가 서비스 용품들이 탑재되었는지 확인하고 기장과 통제실에 보고한 후 선임객실승무원이 항공기의 Door를 닫는다. 이후 절차는 다음과 같다.

- Door Close가 완료되면 선임객실승무원은 방송을 통해 승무원이 담당 Door로 위치할 수 있도록 안내한다. 모든 승객들이 착석을 하고 승무원들이 Door Side에 위치하면 Slide Mode를 PA를 통해 변경할 수 있도록 명령하고 이를 수행한 승무원들은 보고한다. 전 항공기의 Door가 Armed가 되면 선임객실승무원은 기장에게 Push Back 준비가 되었음을 알린다.
- Slide Mode 변경 후에 방송담당 승무원은 Welcome 방송을 하고 방송담당자 외의 승무원들은 담당구역의 앞으로 가서 승객들에게 Welcome Greeting을 한다.
- 항공기 지상 이동 후 승객브리핑을 한다. 승객브리핑은 장비를 통한 시연이 있고 모니터를 통한 상영이 있다. 항공사는 두 가지 방법 중 하나를 선택하여 승객들에게 안내한다. 승객브리핑 시 기내 조명은 DIM으로 한다.
- 승객브리핑이 끝나면 전 승무원들은 담당구역의 이륙 전 최종점검을 한다. 이때 전자기기 규정에 따라 승객들에게 안내하고 유동물질들은 고정시키며 승객들이 사용하던 테이블과 등받침은 제자리로 한다. 또한 서비스된 용품도 회수한다.

운항기술기준 내 승객브리핑 규정

항공기 이륙전 아래의 사항들이 전부 승객에게 안내되어야 한다.
1) 흡연제한과 금지
2) 비상구 위치와 사용방법
3) 좌석벨트 또는 어깨 끈(harnesses) 사용방법
4) 구명동의 등 비상부양장비 위치와 사용방법
5) 소화기 위치 및 사용방법(객실승무원이 탑승하지 않는 경우에 한함)
6) 이·착륙 전 좌석 등받이 조절
7) 해면고도 12,000피트 이상의 고도로 운항 시 산소의 정상 및 비상 사용방법
8) 승객용 브리핑 카드를 포함하여 개인이 사용하도록 제공되는 다른 비상장비

5) Before Take off

승객들의 안전점검이 완료되면 승무원은 본인의 Jump Seat에 착석하여 좌석벨트 혹은 하네스벨트(harness Belt)를 착용하고 30 Second Remind를 실시한다. 항공기가 지상 이동을 시작한 시점부터 10,000ft에 도달할 때까지는 비행중요단계[2]라고 하여 Sterile Cockpit 규정을 준수한다.

- 항공기의 사고를 분석한 결과에 의하면 이륙 후 3분과 착륙 전 8분 사이에 발생하는 경우가 약 80%에 해당하여 이를 'Critical 11 Minute'라고 하며 관리하고 있다.
- 30 Second Remind는 이·착륙 시 발생할 비상상황 시 승무원이 취해야 할 행동을 미리 생각하는 것으로 사고 시 승무원 자신과 승객들의 효율적인 비상탈출을 위해 다음의 사항들을 이미지 트레이닝한다.
- 사고 직감 시 승무원의 안전을 위한 Brace 자세 및 승객들에게 안내할 사항과 방법
- 비상구 위치와 작동법
- 비상탈출 가능 여부의 상황판단
- 비상탈출 순서
- ABP 선정 및 선정방법
- 비상탈출 시 도움이 필요한 승객 파악
- Crew Brace Position은 발바닥은 바닥에 붙이고 등과 허리는 벽면에 밀착하며 두 손은 Jump Seat를 잡는다. 승무원의 얼굴이 항공기 전방을 향해 있는 경우 고개는 숙이고 항공기 후방을 향하는 경우에는 머리를 Jump Seat에 붙인다.

6) 비행 중 업무

이륙 후 10,000ft가 지나 좌석벨트 사인이 꺼지게 되면 승무원들의 비행 중 근무가 시작이 된다. 비행 중 승무원의 업무로는 크게 안전과 기내서비스로 분류할 수 있는

---

2 '비행중요단계(Critical Phases of Flight)'라 함은 순항비행을 제외한 지상 활주, 이륙 및 착륙을 포함한 고도 1만피트 이하에서 운항하는 모든 비행을 말한다. - 운항기술기준 8.1.2.12 용어에 정의

데, 이때 발생되는 안전업무는 대부분 주기적으로 발생되는 정규 업무가 아닌 비정상적으로 발생하는 상황에 대해 대응하는 업무이다. 따라서 정기적으로 수행하는 업무는 승객들에 대한 기내서비스 업무가 대부분을 차지한다.

기내 서비스 업무는 크게 국내선과 국제선의 업무로 나누어지며, 국제선의 업무도 항공기의 기종, 노선, 비행시간에 따라 세분화되어 나누어진다.

Sterile Cockpit Rules란 (FAR 121.542 / FAR 135.100--Flight Crew Member Duties)

(a) No certificate holder shall require, nor may any flight crew member perform any duties during a critical phase of flight except those duties required for the safe operation of the aircraft. Duties such as company required calls made for non-safety related purposes as ordering galley supplies and confirming passenger connections, announcements made to passengers promoting the air carrier or pointing out sights of interest and filling out company payroll and related records are not required for the safe operation of the aircraft.

(b) No flight crew member may engage in, nor may any pilot in command permit, any activity during a critical phase of flight which could distract any flight crew member from the performance of his or her duties or which could interfere in any way with the proper conduct of those duties. Activities such as eating meals, engaging in non-essential conversations within the cockpit and non-essential communications between the cabin and cockpit crews, and reading publications not related to the proper conduct of the flight are not required for the safe operation of the aircraft.

(c) For the purposes of this section, critical phase of flight involves all ground operations involving taxi, takeoff and landing, and all other flight operations conducted below 10,000 feet, except cruise flight.

Note: Taxi is defined as "movement of an airplane under its own power on the surface of an airport."

7) 착륙 전 업무

항공기가 목적지에 접근해 강하를 시작하면 승무원들은 진행이 되었던 기내서비스를 마감하고 착륙 준비를 시작한다. 즉, 승객들에게 제공이 되었던 서비스 용품들을 회수하고 갤리 또한 착륙을 대비할 수 있도록 사용하던 기물들을 정리한다. 항공기 하강 중 10,000ft를 지나 비행중요단계가 시작되면 승무원들은 착륙준비절차(Preparation for landing)를 시작한다.

8) 착륙 후 업무

항공기는 착륙 후 유도로를 거쳐 공항 청사에 도착하기 위해 지상 활주를 한다. 이때에는 역시 비행중요단계가 적용이 되며 비행중요단계는 항공기 정지 후 좌석벨트 착용 등이 꺼질 때까지 계속된다.

가끔씩 항공기가 엔진을 정지하고 공항 사정에 의해 Towing Car에 의해 지상이동을 하거나 주기장에 완전히 주기하였으나 항공기 후미에 화물이 많을 경우 지지대를 설치하는 경우에는 역시 비행중요단계는 지속되기 때문에 승객들의 이동을 제지하여야 한다. 항공기가 완전히 주기한 후 좌석벨트 착용 표시등이 꺼지면 각 탈출구의 슬라이드를 Disarmed로 변경한 외부직원과의 수신호를 확인한 후 항공기 문을 열고 승객들의 하기를 진행한다.

모든 승객들이 하기하고 나면 승무원들은 승객들이 남기고 간 수하물이 있는지 확인하고 승무원들도 하기한 다음 Debrifing을 진행한다. 항공기가 모기지가 아닌 곳에 주기하여 승무원들에게 차기 비행이 남아있을 경우 항공기내에는 최소 승무원은 남아있어야 한다.

01 비상 상황에서의 신호체계에 대해서 설명하시오.

02 감압의 종류에 대해 이야기하고 설명하시오.

03 객실승무원의 필수 휴대품 3가지에 대해 설명하시오.

....

....

....

04 합동 브리핑의 내용에 대해 설명하시오.

....

....

....

05 승객 탑승 완료 시 필요한 서류는 무엇인가요?

....

....

....

06 비상구열 착석 규정에 대해 논하시오.

....

....

....

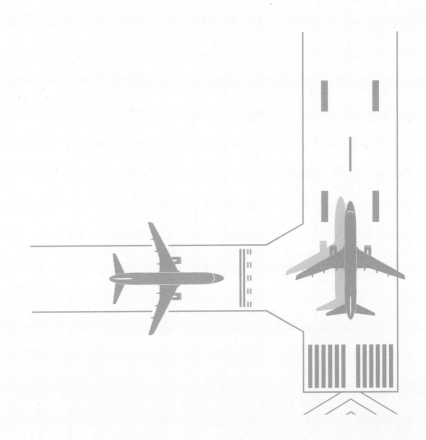

Chapter 06

비상장비

운항 중에는 비행에 지장을 줄 수 있는 사고가 발생할 수 있다. 이러한 때를 대비해 항공기 내에는 여러 가지 장비를 탑재한다. 이러한 장비는 항공안전법령에 따라 운영이 되는데 항공안전법 제52조 에 따르면 "항공기를 운항하려는 자 또는 소유자 등은 해당 항공기에 항공기 안전운항을 위하여 필요한 항공계기(航空計器), 장비, 서류, 구급용구 등(이하 '항공계기등'이라 한다)을 설치하거나 탑재하여 운용하여야 하며 제1항에 따라 항공계기 등을 설치하거나 탑재하여야 할 항공기, 항공계기 등의 종류, 설치·탑재기준 및 그 운용방법 등에 관하여 필요한 사항은 국토교통부령으로 정한다"고 하였다. 또한 이는 운항기술기준에 각 항목별 세부사항이 나타나 있다.

항공기 내 장비 중 객실 내에 있는 장비들은 크게 화재진압장비, 비상탈출 및 착수와 관련된 장비, 산소공급장치, 응급처치장비, 기타 장비 등으로 나눌 수 있으며 객실 내 장착 및 탑재가 된다. 항공기 내 장착된 비장장비는 승무원이 알아보기 쉽도록 안내표시(Decal)가 되어 있다. 비상장비들이 선반이나 수납공간에 장착이 되어 있으므로 이를 알아보기 쉬운 곳에 안내표시를 부착해 비상장비의 위치를 알리고 비상시 신속하게 전급할 수 있도록 도와준다.

1. 항공기 탈출구 (Emergency Exit)

모든 항공기에는 평상시 승객과 승무원이 출입을 하고 각종 서비스 용품들을 탑재할 수 있도록 Door가 장착되어 있고 이 Door는 비상시 비상탈출을 위한 탈출로로 사

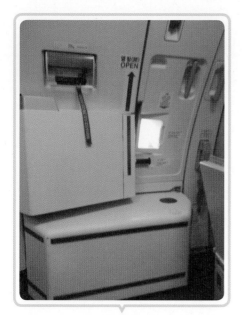

🏵 Door

용이 된다. 항공기의 Door는 해당 항공기의 좌석수를 고려하여 제작이 되는데 각 Door의 크기별로 탈출 가능 인원수가 정해져 있어 이에 맞는 최적 수량의 Door를 항공기에 장착하게 된다. 따라서 항공기에 장착되는 Door의 수는 각 항공기별로 다르다.

항공기에 장착된 Door에는 지상에서의 비상탈출 시를 고려한 탈출용 슬라이드가 장착이 되어 있다. 이는 항공기 Door의 높이가 공항터미널의 탑승교나 스텝카를 사용하지 않으면 지상으로 접근할 수 없을 정도의 높이로 비상탈출 시 지원이 되지 않음을 감안한 것이다.

🏵 Door

또한 비상 착수 시를 대비하여 구명정을 탑재해야 하는데 Door에 장착된 슬라이드를 구명정으로도 사용할 수 있도록 일반적인 항공기에는 슬라이드 래프트(Slide Raft)가 장착되어 있다. 항공기의 Door는 일반적 위치의 Exit Door와 날개 위에 장착되어 있는 Overwing Exit Door가 있다.

이렇게 비상시 탈출용으로 사용되는 비상구에는 객실에서 주 통로로 접근하는 사람이 볼 수 있는 신호로 표시되어야 한다. 이러한 표시는 주로 조명에 의해 작동되는데 일정 이상의 밝기가 유지되어야 하며 조종실에서 켜짐(ON), 꺼짐(OFF), 작동대기(Armed)로 조작하는 스위치가 있어야 한다. 그리고 비상착륙 후 최악의 상태에서도 최소한 10분 동안 요구되는 정도의 밝기는 제공되어야 한다. Door에 장착된 비상장비들은 다음과 같다.

1) Manual Inflation Handle

일반적으로 항공기가 운항을 시작하게 되면 객실에 있는 Door들은 모두 슬라이드의 모드를 Armed로 변환하여 운항을 하고 항공기가 공항터미널에 완전히 주기하면 승객의 하기를 위해 슬라이드의 모드를 Disarmed로 바꾼 후 항공기의 Door를 열어 승객의 하기를 진행한다.

비상 상황이 발생하여 항공기가 비상탈출을 진행하게 될 때에는 승무원이 Armed

🔷 Manual Inflation Handle

인 Door를 바로 열게 되며 이때 항공기 Door에 장착된 탈출용 슬라이드가 바로 전개가 된다. 하지만 충돌에 의한 기계적 결함이 발생하거나 다른 이유로 슬라이드가 펼쳐지지 않을 경우 수동적으로 슬라이드를 팽창시키는 데 사용하는 장비가 Manual Inflation Handle이다. 슬라이드가 팽창되지 않고 있는 경우 해당 Manual Inflation Handle을 잡아당기면 슬라이드는 팽창하게 된다. 일반적으로 Door 하단부 슬라이드에 위치해 있으나 기종에 따라 Door Frame 안쪽에 붙어있는 경우도 있다. 따라서 이 장비는 슬라이드와 같이 Door에 장착되어 있는 관계로 혹은 Door Frame 안쪽에 있는 관계로 평상시에는 확인이 불가하거나 확인하기 쉽지 않은 위치에 있다.

2) Detachment Handle

　항공기가 바다나 강에 비상 착수를 하는 경우 각 Door에 있는 슬라이드 래프트는 탈출용 보트로 사용이 된다. 비상 상황이 발생하고 나서 슬라이드 래프트를 전개한 후 승객들을 슬라이드 래프트에 탑승시키고 나면 슬라이드 래프트를 항공기 동체로부터 분리를 하여야 한다. 이때 사용하는 장비가 Detachment Handle이다. 일반적인 Detachment Handle은 Flap이라고 하는 커버로 덮여 있다. 사용방법은 Flap을 열고 핸들을 잡아당기면 슬라이드 래프트가 쉽게 분리가 된다. 이때 완전히 분리가 되는 것은 아니고 항공기 동체로부터 분리된 슬라이드 래프트는 Mooring Line이라고 하는 줄로 연결이 되어 있는데 이 Mooring Line 역시 매듭을 풀거나 슬라이드 래프트에 장착된 나이프를 이용하여 쉽게 잘라낼 수 있다.

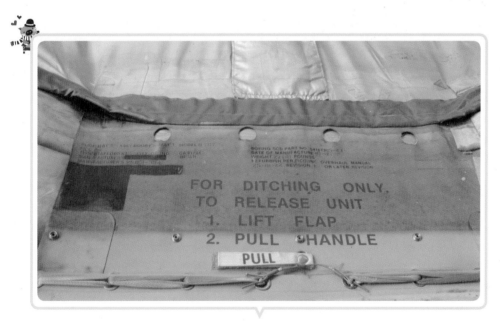

Detachment Handle

3) Slide, Slide Raft, Life Raft

① Slide

운항기술기준에 따르면 항공기는 비상 탈출에 대비하여 항공기가 지상으로부터 비상구가 6피트 이상 높이에 장착되어 있는 경우 승객이 지상으로 내려오는 데 도움을 줄 수 있도록 장비가 제공되어야 하는데 이러한 역할을 하는 장비가 슬라이드이다. 이 슬라이드는 비상탈출 시 미끄럼틀 역할을 해서 승객들을 항공기로부터

🕸 Slide

지상으로 탈출시키는 역할을 하며 항공기 Door에 장착되어 있거나 동체에 붙어 있다. 착수 시 보트의 역할은 할 수 없으나 부유물(Floating Device)로 사용할 수 있다.

② Slide Raft

Slide 기능과 Raft 기능을 함께 사용할 수 있다. 일반적으로 착수 시 사용하도록 Survival Kit이 부착되어 있거나 기내에 있는 Survival Kit을 부착할 수 있도록 제작되어져 있으며 Raft 기능으로 사용될 때를 대비하여 Canopy와 Sea Anchor 등 장비들이 부착되어 있다.

🕸 Slide Raft

③ Raft

ETOPS 항공기에 장착되어 있는 Door의 Slide Raft가 전 승객을 태울 수 있는 용량이 되지 않을 경우 순수 보트로만 사용할 수 있는 Raft를 항공기에 탑재한다. Raft의 경우는 일반적으로 기내 선반에 실려 있다.

🕸 Raft

⬜ ETOPS

ETOPS(Extended-range Twin-engine Operational Performance Standards)는 항공기 용어로, 2개의 엔진이 달린 항공기가 운항 도중 하나의 엔진이 고장나서 나머지 엔진 하나를 가지고 운항할 수 있는 시간을 각 항공기별로 비상 착륙 대상 공항으로부터 1시간, 3시간 또는 특정 시간 이상 거리가 떨어져 있어도 운항을 할 수 있는 인증 제도이다.

통상 항공기는 문제가 생겨도 자동차처럼 길가에 세워 두고 정비를 할 수 없기 때문에 정비를 위해서 착륙해야 하는 시간 및 공간이 필요하므로, 위와 같은 안전 제한 규정을 ETOPS라고 한다. 분 단위로 인증하며, 예를 들어 ETOPS-180은 엔진 하나가 고장났을 경우 3시간(180분) 내에 대체 공항 및 비행장에 비상 착륙하라는 뜻이다.

ETOPS는 쌍발엔진 항공기에만 적용된다.

2. 산소공급장치 (Oxygen Supply System)

항공기 객실 내에는 감압이나, 화재 진압 시를 대비해 산소를 승무원 및 승객에게 공급해주는 장비들이 장착 또는 부착되어 있다.

즉, 운항 중 비여압 상황이 발생하였을 때 항공기 내에 있는 운항 및 객실 승무원 그리고 승객에게 생존에 필요한 산소를 공급하여야 하는데 조종실에 근무하는 사람은 기압고도 10,000ft를 초과하는 구간의 전 비행시간에 산소가 공급되어야 하며 객실승무원에게는 기압고도 13,000피트를 초과하는 구간의 전 비행시간과 기압고도 10,000피트 초과 13,000피트 이하 구간의 30분을 초과하는 기간에 산소가 공급되어야 한다. 그리고 탑승객 전원은 기압고도 13,000피트를 초과하는 구간의 전 비행시간에 산소가 공급되어야 한다.

이러한 상황을 대비하여 기내에는 각 위치별 산소공급장치가 있는데 이러한 산소공급장치는 크게 고정 장착되어 있는 장비와 부착되어 필요 시 탈착하여 사용할 수 있는 장비들로 구분할 수 있으며, 객실의 여압이 상실될 경우 객실승무원이 위치에 관계없이 즉시 산소를 이용할 수 있도록 여분의 산소배출구와 마스크 또는 산소마스크를 장착한 휴대용 산소용구가 당해 항공기에 탑승해야 할 최소 객실승무원 수만큼 객실 전체에 고르게 분포되어야 한다.

승객들에게 제공되는 산소공급 단말장치(Terminal)와 연결된 산소분배기구는 각 사용자가 어느 좌석에 있든지 즉시 사용할 수 있도록 장착되어야 하며, 분배기구 및 산소배출구의 전체 수량은 좌석수의 10퍼센트 이상이어야 하고, 여분의 산소용구는 객실 전체에 고르게 구비되어야 한다. 이렇게 사용되는 장비들은 다음과 같다.

1) 휴대용 산소통 (Portable O₂ Bottle)

감압 발생 시 객실승무원들이 휴대용으로 사용하거나 환자 발생 시 응급처치용으로 사용할 수 있다. 산소통은 마스크와 같이 있으며 고압과 저압 두 개의 노즐이 있어 필요한 용도에 맞춰 마스크를 노즐에 맞춘 후 사용을 한다.

기내에 장착될 때에는 항공사의 정책에 따라 마스크가 본체와 분리가 되어 마스크가 밀봉된 상태로 탑재가 되는 경우도 있고 신속한 사용을 위해 마스크의 밸브를 본체에 장착하여 마스크 밀봉이 약간 해제된 채 장착이 되기도 한다.

사용 시에는 그린색 핸들을 시계방향으로 돌리면 산소가 나오는데 일반적인 상황에서는 산소가 분출되는 소리를 들을 수 있어 작동 가용 여부를 확인할 수 있으나 기

O₂ Bottle

내에서는 운항 소음으로 확인하기가 쉽지 않다. 따라서 작동 여부를 확인하게 해주는 인디케이터가 장착되어 있는 경우도 있고, 그렇지 않은 경우는 노즐 끝부분을 손가락으로 막아 산소 분출 여부를 압력으로 확인한다.

환자의 응급처치용으로 사용할 때에는 감압 시 승무원의 사용을 위해 전량 사용하지 않고 적정량을 남겨두어야 한다.

2) PBE (Protective Breathing Equipment)

화재 진압 시 화재를 진압하는 승무원의 시야 및 호흡을 확보하기 위한 장비이다. 화재 시 발생되는 유독가스로부터 승무원의 시야를 확보해주고 호흡을 원활하게 하기 위해 착용을 하며 착용 시 목 부분의 라텍스재질로 된 Seal이 있어 외부의 유독가스 유입을 막아준다. 따라서 착용 시 목 주변 Neck Seal에 머리카락이나 옷깃이 끼어 있게 되면 외부의 유독가스가 PBE 안으로 들어올 수 있기 때문에 주의해야 한다. PBE는 화학반응에 의해 산소를 공급해주는 방식과 압축 산소통을 개방하여 산소를 공급해주는 두 가지 방식을 많이 사용하고 있으며, 이때 적어도 15분간은 산소를 발생할 수 있어야 한다.

화재 진압 등 사용 시에는 사용시간을 초과하여 사용할 경우 산소 공급이 중단된 PBE를 벗고 새것을 사용해야 하며 이때 2인 1조로 사용하는 것이 좋다.

PBE를 사용한 후에는 화기로부터 멀리 떨어지는 것이 좋다.

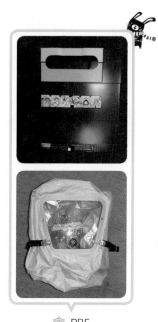

✿ PBE

3) 화학반응식 산소공급장치 (Chemical Oxygen Generator)와 산소탱크(O_2 Tank)

각 승객 머리 위 패널과 승무원 Jump Seat 상단 혹은 주변에는 감압에 대비하여 일정시간 산소를 공급해주는 마스크가 장착되어 있다. 이 마스크는 고정된 산소공급장치로부터 산소를 공급해 주는데 이러한 고정식 산소공급장치는 화학반응식 산소공급장치와 산소탱크 두 가지 방식이 있다. 화학반응식 산소공급장치는 감압이 발생하여 호흡을 위해 마스크를 입 주변까지 잡아당길 경우 마스크에 연결되어 있던 끈이 공급장치에 있는 충격장치(trigger)를 가동시켜 화학반응을 일으키고 화학반응의 부산물로 발생하는 산소를 마스크를 통해 공급해준다. 산소탱크 방식은 항공기 동체부분에 장착된 대용량의 산소탱크로부터 각 마스크로 산소를 공급해 주며, 이때는 마스크를 잡아당길 필요는 없다.

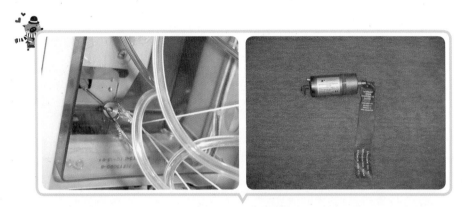

Chemical Oxygen

3. 화재 예방 및 진압 장비 (Fire Fighting Equipment)

항공기 객실 내에는 화재를 진압하거나 예방하기 위해 장비들을 탑재하는데, 다음과 같다.

1) H_2O 소화기

Class A화재, 즉 일반적인 의류나 목재, 종이 같은 물질의 화재에 사용한다. 순수한 물은 아닌 화재를 잘 진압할 수 있는 액체가 들어있다. 화재의 3가지 발생원인 중 열을 없애는 역할을 한다. 사용방법으로는 손잡이 부분을 시계방향으로 돌리면 손잡이 안에 있는 CO_2 실린더가 개방되어

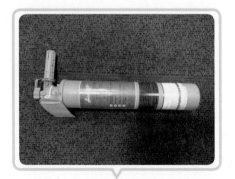

H_2O

본체 내 압력을 발생시키게 되고 노즐을 화원을 향해 조준한 후 트리거를 누르면 진화액이 분출된다. 평상시에는 사용 유무를 알려주는 납으로 된 Seal이 감겨 있으며, 이로써 비행 전 점검을 할 수 있게 된다.

2) Halon 소화기

Class A, B, C화재, 즉 물질이나 유류, 전기화재 모두에 사용할 수 있으며 매질 주변의 산소를 일시적으로 없애 화재를 진압한다. 화재 진압 효과는 매우 좋으나 Halon가스의 압력이 강해 화원의 물질들이 다른 곳으로 튀어 2차 화재의 원인이 될 수 있고, 화원의 매질의 온도가 여전히

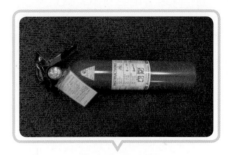

Halon 소화기

높을 경우 산소가 유입되면 화재가 재발할 가능성이 있기에 사용 후 재 발화가 되지 않도록 관심을 가져야 한다.

평상시에는 사용 유무를 알려주는 Seal이 있으며 Halon가스의 충전도를 나타내는 게이지가 밖에 보이도록 나와 있다. 사용 시에는 Seal을 뜯어내고 노즐을 화원에 조준한 다음 손잡이를 움켜쥐어 사용한다.

3) 화장실 내 화재 진압 장비 및 예방 장비

① Smoke Detector

화장실 천장 부분에 장착되어 있는 장비로 화장실 안에 일정한 농도 이상으로 연기가 감지되면 경고음을 울려 알려준다. 운항기술기준에서도 19석을 초과하는 항공기 화장실에는 연기감지기를 장착하도록 되어 있다. 항공기 기종에 따라 연기 감지 시 신호가 다르며 이러한 신호에 대한 Reset 방법도 다르다.

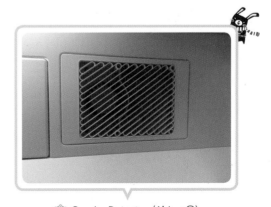

Smoke Detector 〈Airbus용〉

② 열 감지 할론 소화기(Heat Activate Halon Extinguisher)

화장실 쓰레기통의 경우 다량의 휴지들이 있는데 승객이 몰래 담배를 피우다가 쓰레기통에 버리는 경우 화재가 발생할 수 있다. 이 소화기는 쓰레기통 상단에 장착이 되어있고 노즐이 쓰레기통을 향하고 있는데 발생된 화재에 노즐 끝 부분이 녹으면 소화기가 작동하게 되어 자동적으로 화재를 진압하게 된다. 일부 기종의 소화

🔷 Halon Extinguisher

기에는 눈금이 있어 사용 여부를 알게 된다. 운항기술기준에서도 최대 승객 좌석수가 19석을 초과하는 항공기에는 각 화장실 내 쓰레기통에 화재를 진압할 수 있는 소화기를 장착하도록 하고 있다.

③ Temperature Indicator

일부 기종의 경우 열 감지 할론 소화기가 육안으로 사용 여부를 알기 힘든 곳에 위치하고 있는 경우가 있다. 이러한 경우에는 열 감지 표시기가 확인하기 쉬운 곳에 있다. 일반적으로 4개의 흰색 원형이 있는데 온도에 따라 흰색 원형부분이 검은색으로 변하고 이를 통해 소화기의 사용 여부를 알 수 있다.

🔷 Temperature Indicator

4. 비상탈출 및 착수장비

1) Flash Light

Flash Light는 각 승무원의 Jump Seat 하단이나 주변에 위치해 있다. 비상탈출 상황 시 어두워진 기내에서 조명으로 사용하게 되어 있고 일반적으로 전원 스위치 없이 Flash Light가 있는 브래킷(Bracket)에서 꺼내기만 하면 전원이 자동적으로 들어오게 되어 있다. 반대로 브래킷(bracket)에 장착이 되어있을 때에는 전원이 방전되지 않도록 되어 있다. 승무원은 제작사에서 권고하는 방식에 따라 Flash Light에 충전 램프가 들어오는지, 혹은 버튼을 눌러보는 방식으로 Flash Light가 충전이 되어있는지를 확인할 수 있다.

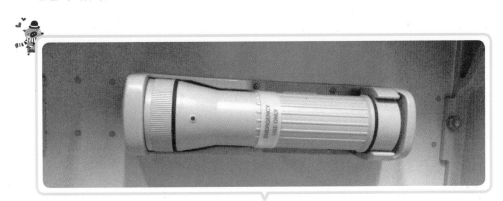

🌐 Flash Light

2) 메가폰

비상탈출 시 항공기 내 전원이 차단되어 PA를 사용할 수 없는 경우나 외부에서 큰소리를 내야 할 경우에 사용되는데, 즉 비상탈출 시 승무원이 쉽게 승객을 지휘하는 용도이며 규정에는 건전지로 자체 전원을 공급받는 휴대용으로 탑재되게 되어 있다. 일반적으로 메가폰에는 PTT(Push To Talk)를 누르고 마이크 부분에 입을 댄 후 사용을 하며

🌐 메가폰

1개만 장착하는 경우 객실의 맨 뒤쪽, 두 개를 장착하는 경우 맨 앞쪽과 맨 뒤쪽에 승무원이 쉽게 접근할 수 있는 곳에 장착하여야만 한다.

3) ELT (Emergency Locator Transmitter)

항공기가 외지에 비상 착륙이나 착수를 할 경우 구조용 전파를 발생하여 조난자의 위치를 알리는 장비이다. 발생하는 전파는 VHF 121.5MHZ와 UHF 243MHZ의 두 가지 주파수가 동시에 48시간 연속적으로 발산된다. 작동은 스위치를 켜서 작동을 하는 방식과 Water Activate Battery를 활성화시키는 방법이 있다. Water Activate Battery 방식의 경우 ELT 중간에 위치한 구멍으로 물이 들어갈 경우 자동적으로 작동이 되는 방식으로 착수 시에는 바다에 던져놓기만 하면 자동적으로 작동이 되며, 육상에서는 ELT과 같이 있는 Water Container에 물을 채운 후 ELT를 담궈두면 작동한다. ELT는 Lanyard선으로 고정시킨다.

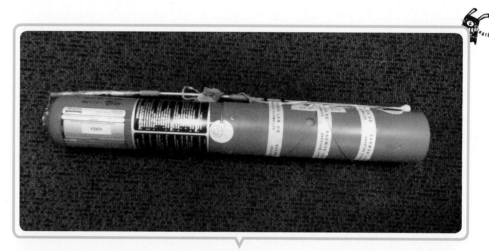

ELT

4) Life Vest

비상착수 시 승객이나 승무원을 물에 떠있도록 유지해주는 구명조끼이다. Life Vest는 각 승객 좌석, 승무원 Jump Seat에 필수로 장착되어 있어야 하며. 항공사에 따라 여유분을 탑재하여 유지한다. Life Vest에는 인가된 생존자 위치표시등(Survivor Locator Light)의 허가조건에 따라 Water Activate Battery를 이용하여 불빛을 밝혀주는 Sea Light가 측면 상단에 장착되어 있으며 실린더에 있는 압축된 CO_2가스가 손잡이를 잡아당길 경우 Life Vest로 유입되어 팽창되며 아웃렛(Outlet)을 통해 팽창 정도를 조절할 수 있다. 유아의 경우 유아용 Life Vest가 따로 탑재되기도 하며 어린이의 경우는 어른용을 사용하나 한쪽만 부풀려 사용을 한다. Life Vest는 비상착수 시 탈출 직전 부풀리는 것이 좋다.

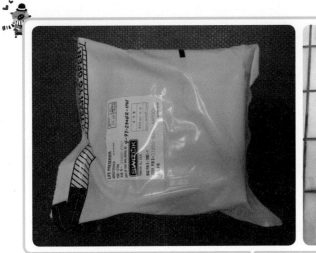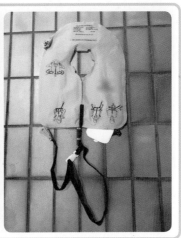

🕸 Life Vest

5) Survival Kit

Slide Raft나 Life Raft에 연결되어 있거나 탈출구 주변에 있으며 비상탈출이나 착수 시 생존을 위한 도구로 사용된다. Survival Kit은 크게 유지용 장비(Sustaining Equipment), 신호용 장비(Signal Equipment), 생존용 장비(Survival Equipment)로 나눌 수 있다.

① 유지용 장비 (Sustaining Equipment)

- 캐노피(Canopy) : 비, 바람, 햇빛을 막기 위한 천막 형태로 Raft에 붙어있거나 따로 탑재되어 있다.
- 캐노피 폴(Canopy Pole) : 캐노피를 지지하기 위한 지지대로 철제나 튜브형 등이 있다.
- Heaving Line : 물에 빠진 사람을 구조할 때 사용하는 장비로 가느다란 줄 끝에 고무링이 달려 있다. Raft끼리 연결할 때도 사용할 수 있다.

- Sea Anchor : 닻 역할을 하여 Raft의 표류 속도를 늦춰준다.
- Clamp : Raft에 구멍이 났을 경우 임시로 막을 수 있다. 구멍이 큰 경우는 여러 개 연결하여 사용할 수 있다.
- Pump : Outlet에 연결하여 Raft에 바람을 넣을 때 사용한다.
- Bucket : Raft 내 물을 퍼내거나 빗물을 받는 용도로 사용할 수 있다.

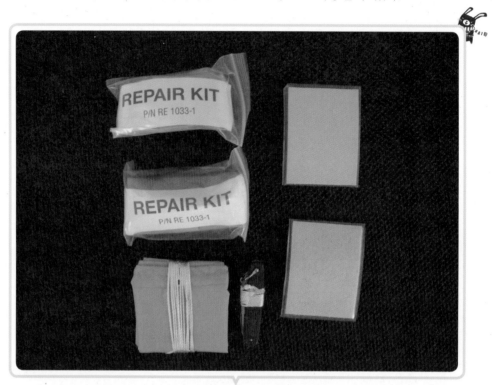

Sustaining Equipment

② 신호용 장비 (Signal Equipment)

- Flare Kit : 불꽃이나 연기로 구조신호를 보내는 장비
- Signal Mirror : 햇빛이나 Flash Light를 반사시켜 신호를 보내는 장비
- Sea Dye Marker : 염료가 들어있는 주머니를 바닷물에 담그면 형광물질이 바닷물에 펼쳐진다. 이로서 Raft의 위치를 알리는 장비
- Flash Light : 전지로 작동하는 장비도 있고, Water Activate Battery로 작동하는 장비도 있다.
- Whistle : 소리로 위치를 알리는 장비

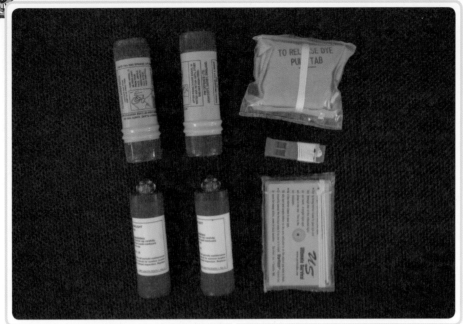

Signal Equipment

③ 생존용 장비 (Survival Equipment)

- Ration : 식량
- Water Container : 식수가 들어
  있음
- Survival Book & Raft Manual
- 정수제 : 오염된 물을 마실 수
  있도록 정화해주는 약
- 그 외 : 삼각건, 부목, 붕대, 멀미
  약, 안연고, 살균솜 등

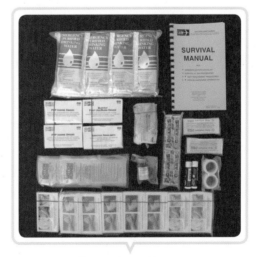

Survival Equipment

5. 구급장비 (First Aid Equipment)

모든 항공기에는 항공안전법 시행규칙 제125조에 따라서 구급의료용품(First Aid Kit)과 감염에 대한 예방의료용품(Universal Precaution Kit)을 탑재하도록 규정하고 있다. 특히 제공되는 승객 좌석수가 100석을 초과하는 항공기가 비행거리를 2시간 초과해서 비행하는 경우에는 전문적인 의사나 응급처치 자격을 가지고 있는 사람이 사용할 수 있는 비상의료용품(Emergency Medical Kit)을 1세트 이상 탑재해야 한다.

1) 구급의료용품 (First Aid Kit)

비행 중에 승객이나 승무원에게 응급상황이 발생할 경우 처리를 위해 탑재되는 의

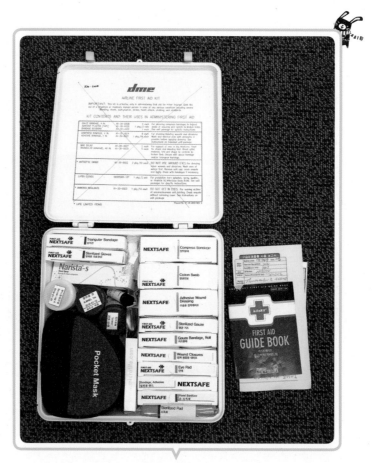

First Aid Kit

약품으로 대부분이 의사의 처방전 없이 사용할 수 있는 약과 의료용품으로 구성되어 있다. 일반적으로 봉인(Sealing)되어 탑재가 되며, 사용을 위해서 이를 해제한 경우에는 최소 탑재수량에서 제외한다. 항공사에 따라 내용물은 상이하나 진통제, 구토억제제, 코 충혈 완화제, 제산제, 밴드, 삼각건, 연고 등이 들어있다.

2) 비상의료용품 (Emergency Medical Kit)

비행 중 환자가 발행할 경우 전문 의료인이 사용할 수 있는 의료장비로서 봉인된 채 탑재되며 승무원은 내용물을 사용할 수 없다. 간단한 수술을 할 수 있을 정도의 의약품으로 구성되어 있고, 박스 겉면에 내용물이 명시되어 있다.

Emergency Medical Kit

3) 심실 자동 제세동기 (AED, Automated External Defibrillator)

3무(무의식, 무호흡, 무맥박)환자에게 사용하며 심장 박동이 정지된 환자의 주요 원인인 심실세동을 효과적으로 제어할 수 있도록 만든 장비로서 의료인을 포함한 관련 법률에 따라 AED 사용에 대한 교육을 이수한 객실승무원이 사용할 수 있다. 사용 매뉴얼에 따라 패드를 정확한 위치에 붙이고 제세동기에서 나오는 음성명령에 따라 시행하면 된다.

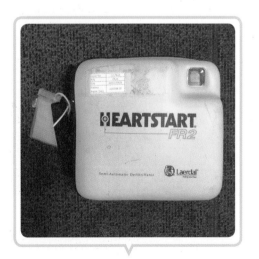

AED

6. 추가장비 (Additional Emergency Equipment)

지금까지 알아본 장비들은 항공기를 운항하는 데 있어 꼭 비치해야 하는 장비들이다. 이를 탑재 필수장비로 지정하여 항공 규정에 따라 최소한의 장비보다 더 탑재하여 다니고 있으며 해당 장비들이 사용이 되거나 사용 불능 시 이를 조치하도록 되어있다. 이외에도 항공기에는 법적인 의무와는 상관없이 운영에 필요한 장비들을 탑재하여 운영한다. 이들 장비는 법적인 제한사항이 없기에 꼭 탑재는 하지 않아도 되나, 국토교통부나 FAA 등의 권고에 의해 탑재하여 비상시에 사용하고 있다.

1) 감염예방용품 (Universal Precaution Kit)

기내에서 객실승무원이 질병 전염가능성이 있는 환자의 체액이나 혈액들을 처리해야 하는 경우 그로 인한 감염을 피하기 위해 사용하는 장비로서 고무장갑, 오염물 처리용 백, 묶는 끈, 마스크, 설명서 등이 들어있다. 사용방법으로는 비닐장갑과 앞치마, 안면 마스크를 착용한다. 오염물이 액체상태일 때는 오염물에 액체응고제를 뿌려 젤리형태로 고형화시킨 후 플라스틱 주걱으로 오염물을 처리봉투에 담아 Seal로 묶는다. 그리고 착용한 비닐장갑 등을 조심스럽게 벗고 다른 비닐에 담아 역시 Sealing한 후 화장실 쓰레기통에 버린다.

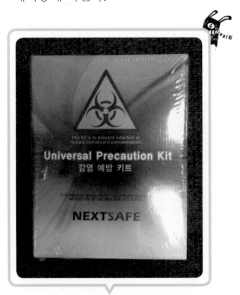

Universal Precaution Kit

2) MRT (Manual Release Tool)

항공기가 감압상태에 이르면 승객 좌석 상단 PSU 패널이나 승무원 Jump Seat 상단에 있는 산소마스크 가림판이 자동적으로 열리면서 산소마스크가 떨어져야만 한다. 만약 그렇지 않을 경우 강제 개방을 해야 하는데 이때 사용하는 장비가 MRT이다. 대부분 MRT의 뾰족한 부분으로 Access Hole 부분을 찌르면 산소마스크 패널이 개방이 된다.

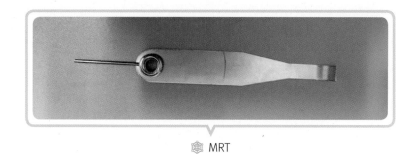

🕸 MRT

3) Pocket Mask

환자의 구조호흡 시 환자로부터 처치자의 감염을 방지하는 장비이다. 마스크 부분과 One-Way Valve로 구성이 되어 있고 케이스에 담겨져 기내에 탑재된다. 환자의 구조호흡 시 One-Way Valve를 마스크에 장착 후 마스크 부분을 환자의 코와 입을 덮도록 한다. 이후 구조호흡을 실시하면 효율적으로 호흡을 전달할 수 있고 처치자도 감염으로부터 안전을 보호받을 수 있다.

🕸 Pocket Mask

4) Decal

항공기 내에는 많은 비상장비들이 있다. 이러한 장비들은 승무원들이 소지한 Cabin Crew Manual의 비상장비도에 자세히 나와 있지만 승무원들이 운영하는 전 기종의 장비위치를 기억하기도 쉽지 않고 비상시에 긴급히 사용할 경우 시간의 지연이 발생할 수 있다. 따라서 항공사에서는 장비들의 위치를 안내하고 사용법 등을 안내하는 Decal을 기내에 부착하고 있다.

Decal

01 Detachment Handle의 역할에 대해 설명하시오.

....

....

....

....

02 slide, slide raft, raft의 차이에 대해 설명하시오.

....

....

....

....

....

03 PBE란 무엇인가?

04 H$_2$O 소화기와 Halon 소화기의 차이점에 대해 설명하시오.

05 화장실 내 화재진압장비 및 예방장비에 대해 나열하시오.

06 UPK의 약자와 특징에 대해 논하시오.

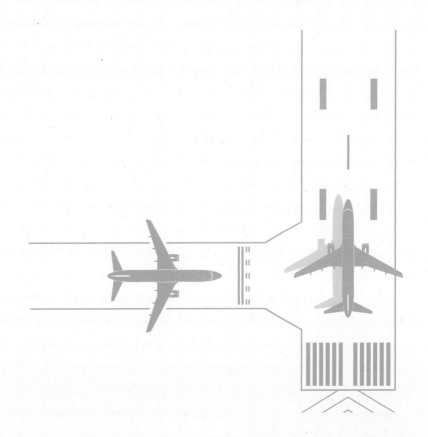

Chapter 07

비상탈출

항공기가 안전한 운항을 더 이상 지속하지 못하고 안전 위해요인으로 인해 지상이나 수면에 비정상적인 착륙이나 착수를 할 수 있다. 이러한 경우 항공기 안에 있는 것이 안전하지 않을 경우도 있기에 항공기 밖으로 긴급하게 나오게 되는데, 이를 비상탈출이라고 한다.

항공기가 순항을 하던 중 안전 위해요인으로 기장으로부터 비상착륙이 결정되어 비상착륙을 하게 될 때 비상착륙을 준비할 수 있는 시간적인 여유가 있는 경우 계획된 비상착륙(Planned Emergency Landing)이라고 하며, 예상하지 못한 비상사태로 인해 긴급히 비상착륙하게 되어 비상착륙에 대해 준비할 시간적인 여유가 없는 경우를 계획되지 않은 비상착륙(Unplanned Emergency Landing)이라고 한다. 항공기가 지상이 아닌 바다나 강 같은 수면에 내리는 경우를 착수(Ditching)라고 한다.

1. 성공적인 비상탈출 5요소

1) 단호함 (Assertiveness)

객실승무원은 비상탈출 시 단호한 목소리와 행동으로 승객들을 통제하며 탈출을 진행하여야 한다. 일반적으로 큰 충격을 받게 되면 사람들은 흥분을 하거나 공포에 휩싸여 정상적인 판단을 하지 못하는 경우가 있어 이를 적절하게 통제하여 빠른 시간 내에 항공기에서 탈출하기 위해서는 승무원의 단호하고 완강한 지휘가 필요하다.

2) 승무원 탈출지휘공간 (Dedicated Assist Space)

탈출구에서 승객들의 탈출을 유도할 때 승무원이 필요 이상의 적극성을 보이면서 승객을 유도하는 행위로 인해 승무원 자신이 탈출구를 방해하는 경우가 있다. 탈출구에서 승객의 탈출을 지휘하는 승무원은 자신의 몸이 승객들의 탈출 흐름을 방해하지 않도록 적절한 탈출지휘공간을 확보하여 그곳에서 탈출을 지휘하여야 한다.

3) 사용 불가능한 비상구 대처 (Unusable Exit)

항공기가 비상 착륙이나 착수를 하는 경우 동체에 직접적인 충격으로 항공기의 탈출구가 개방되지 않거나 개방이 되더라도 슬라이드의 미전개, 전개된 슬라이드의 미팽창, 팽창된 슬라이드가 지상에 닿지 않는 경우, 혹은 탈출지역의 화재 등 여러 가지 요인들에 의해 탈출구를 사용하지 못하는 경우가 있다. 이러한 경우 승무원은 사용 불가능한 탈출구로부터 승객들을 사용 가능한 다른 탈출구로 유도해야만 한다.

4) 사용되지 않는 비상구 (Dried up Exit)

사람들은 일반적으로 자신이 탑승한 곳이 유일한 탈출구임을 인식하는 경우가 있다. 때문에 비상탈출 시 앞쪽으로만 탈출하려는 경향을 보이기도 한다. 또는 사람들이 모여 있는 곳으로 시선이 집중되어 자신도 그곳으로 향하려고 하는 행동을 보이는데 그로 인해 사용 가능함에도 불구하고 사용되지 않는 탈출구가 발생할 수 있다. 이러한 경우가 생기지 않도록 승무원은 승객들을 적절히 분산하여 효율적인 탈출구 사용을 유도해야 한다.

5) 탈출 유도 (Exit Bypass)

비상탈출 시 승객이 한쪽으로만 많이 몰리는 경우 이를 적절히 통제하여 승객들을 분산시킨다. 이는 전체적인 비상탈출시간을 최소화시킨다.

2. 비상탈출

1) 계획되지 않은 비상탈출 (Unplanned Emergency Landing)

대부분 순항 중이 아닌 이착륙 과정에서 항공기가 비정상적인 착륙을 하는 경우 계획되지 않은 비상착륙을 진행한다. 항공기가 출항을 위해 지상 이동을 시작하여 승객 브리핑이 끝나게 되면 승무원들은 유동물 점검과 승객의 탈출차림에 대한 점검을 실시를 하며 이와 같은 일련의 안전활동이 끝나게 되면 승무원도 이륙 준비를 한다. 또한 순항 중 착륙을 위해 항공기가 공항 접근을 시작하면 역시 승무원들은 출항 전과 같은 착륙준비절차를 하게 된다. 따라서 이ㆍ착륙 시에는 이미 탈출에 대한 점검이 끝난 상태로 볼 수 있다.

항공기는 대부분 정상적으로 이륙이나 착륙을 진행하지만 이륙 시 윈드시어(Wind Shear)[1]나 다른 이유로 이륙실패가 되어 충돌하는 경우, 착륙 시 기상, 혹은 결함에 의한 비정상적인 착륙을 하는 경우에 객실에 있는 승객과 승무원들은 큰 충격을 받을 수 있다. 이러한 충격 후 항공기가 정지하게 되면 항공기가 충격에 의한 고장 및 유류 충격 등 다양한 이유로 2차 화재나 폭발을 야기할 수 있다. 따라서 기장이나 승무원에 의해 비상탈출이 결정이 되는 경우 계획되지 않은 비상탈출이 진행되어야만 한다. 계획되지 않은 비상착륙절차는 다음과 같다.

① 사고 직감 후 승객에게 충격방지자세 안내

사고를 직감한 승무원은 승객들에게 사고 후 충격을 최소화할 수 있는 자세를 안내한다. 이러한 자세로는 항공기 충돌에 의한 1차 충격과 이로써 발생하는 2차 충격을 최소화하기 위해 몸을 좌석 사이에 최대한 웅크려 충격을 최소화하는 것이 좋다. 이때 충분한 설명을 할 시간적 여유가 없기에 승무원은 Shouting으로 머리를 숙이고 발목을 잡도록 유도한다.

---

1 풍속과 풍향이 갑자기 바뀌는 돌풍

② 항공기 정지 후

승무원은 항공기가 정지하면 기체의 내·외부를 살펴본다. 일반적으로 항공기 동체에 큰 구조적 손상이 없다면 기내에서 구조대가 올 때까지 기다리는 것이 좋다. 하지만 기체의 큰 손상이 있거나 항공기 내·외부에 화재 또는 연기가 감지되는 경우 항공기가 폭발할 가능성이 있으므로 비상탈출을 진행하는 것이 좋다. 따라서 항공기 정지 직후에는 승객들을 진정시킴과 동시에 객실 내부의 큰 구조적 손상이나 화재가 있지는 않은지, 탈출구의 외부 확인창(Viewport)을 통하여 외부 상태를 확인해야 한다. 또한 탈출구의 슬라이드 모드가 팽창 가능한 Armed인지 확인할 필요가 있다.

③ 비상탈출의 진행

조종실로부터 비상탈출에 대한 명령이 나오거나 다른 탈출구에서 비상탈출을 진행하는 것이 목격되면 해당 탈출구도 탈출구를 열고 슬라이드의 팽창상태를 확인한 후 비상탈출을 진행한다. 최초 탈출구 개방 시 슬라이드 완전 팽창까지는 약 7~10초 정도가 소요되므로 이 시간까지 승무원은 해당 탈출구를 막아 슬라이드 완전 팽창 전 승객이 탈출하여 부상을 입는 것을 방지해야 한다. 그리고 최초 탈출자 몇 명에게 탈출 후 지상에서 다른 사람의 탈출을 도와줄 것을 부탁한다. 이때 탈출 후 다른 승객을 도와주는 역할을 하는 최초 탈출자를 ABP(Able Bodied Pax)라고 한다.

④ 기내 잔류자 확인

항공기 내 승객들의 탈출진행이 완료된 것 같으면 혹시 부상을 입어 거동이 불편하거나 패닉으로 움직이지 못하는 등 객실 내 남아있는 잔류자 수색을 한다. 객실 내 잔류자가 없는 것을 확인하면 객실승무원도 탈출한다.

2) 계획된 비상착륙절차 (Planned Emergency Landing)

계획된 비상착륙은 Landing까지 수비할 만한 시간적인 여유가 있으므로 이 시간 동안 충분한 준비를 해야 한다. 계획된 비상착륙이 모두 비상탈출로 연결되지는 않는다. 예를 들어, 항공기 기체 고장이나 환자 발생 등 극단적인 사안이 아닌 경우로 비상착륙을 하는 경우 공항에 안전하게 착륙하는 경우가 많기 때문이다. 하지만 이러한 경우 대부분 정상절차와 동일하니 이 부분에서는 극단적인 상황에서 항공기에 큰 손상을 입은 경우를 대비하여 절차를 진행하기로 한다.

① 상황접수

순항 중 항공기의 이상 징후로 인해 기장이 비상착륙(착수)을 결정하면 해당 사항에 대한 중요한 내용, 즉 비상사태의 유형, 착륙까지의 잔여시간, 비상착륙지점 등을 선임객실승무원에게 알려야 한다. 선임객실승무원은 기장과 Brace Position, Evacuation 신호 등 일련의 신호를 결정한다. 기장으로부터 비상착륙에 대한 내용을 접수한 선임객실승무원은 비상 상황을 알리는 신호[2]로서 전 승무원에게 해당 사항을 알린다. 시간적 여유가 있으면 승무원들을 한 곳으로 모아 정확한 상황을 전파하는 것이 좋으나, 시간상 여유가 없을 경우 인터폰을 통해 상황을 전파한다. 또한 브리핑 시 승객에 대한 브리핑관련 내용과 반출품 분배, Bypass Duty 승무원의 주요업무, 방송자 지정 등을 정확하게 분장한다.

② 객실 브리핑

방송자의 방송에 따라 승무원들은 승객들이 쉽게 이해하도록 해당 방송의 설명을 시연한다. Dual Aisle인 경우 승객들의 혼선을 방지하기 위해 옆의 동료와 시연 동작을 통일하는 것이 좋다. 방송내용의 경우 각 항공사의 규정에 따라 다르다. 일반적으로 좌석벨트의 사용법, 기내 고정물의 정위치, 탈출차림 점검, 각 좌석별 충격방지자세(Brace Position), 1, 2차 비상구를 안내하고 이후 ABP를 선정한다. ABP는 탈출 직후 슬라이드 하단에서 다른 승객들을 도와줄 사람과 환자나 노약자를 도와줄 사람, 필요한 반출품을 소지하고 탈출할 사람 등을 선정하고 ABP 선정 시에는 효율적인 탈출을 위한 좌석 재배치를 실시한다. 이러한 객실 브리핑이 끝나면 각 갤리로 돌아와 반출품을 확인하고 갤리 내 유동물을 고정한 다음 준비상태에 대한 완료를 선임객실승무원에게 보고한다.

---

2 각 항공사별 구분되는 비상 상황을 알리는 신호를 따른다. 해당 신호는 표준신호체계에 언급된다.

③ 충격방지자세 실시

준비상태를 보고한 승무원은 자신의 Jump Seat에 착석한 후 30초 Remind를 시작한다. 선임객실승무원은 객실 조명을 Dim으로 한다. 조종실로부터 착륙이 임박함을 알리는 신호가 오면 비상등을 켜고 승무원들은 승객에게 충격방지자세를 알린다.

④ 착륙 이후

계획되지 않은 비상착륙과 동일하다.

3. 비상착수

항공기가 착수를 할 경우 항공기 동체는 수면 위에 떠있도록 제작되어 있지 않기 때문에 동체의 손상이 없어 일정시간 수면 위에 떠있다고 할지라도 그 시간이 지나면 동체는 수면 아래로 가라앉을 수 있다. 또한 일부 항공기(737-500)의 경우는 부유체의 흘수선[3] 기준으로 후방 탈출구는 아래 위치하기 때문에 착수 시 탈출구를 개방한다면 바로 침수가 된다. 따라서 해당 기종은 제작사에서도 착수 시 후방 탈출구는 개방하지 않도록 권고되어 있다. 이렇게 동체가 수면 아래로 가라앉을 경우 동체 침몰시 발생되는 소용돌이로 주변의 물체들도 같이 빨려 들어갈 수 있다. 그렇기에 비상착수의 경우 승객들을 최대한 빠른 시간에 슬라이드 래프트나 래프트에 탑승하여 항공기로부터 최대한 떨어질 필요가 있다. 항공기 동체 침몰 후에는 다시 한 곳으로 모여 구조대를 기다려야 한다.

1) 비상착수의 특성

① 급격한 체온저하

바닷물이나 강물의 경우 인체의 체온보다 낮기 때문에 일정시간이 지나게 되면 체온을 빼앗기게 된다. 따라서 구조대가 도착할 때까지 최대한 체온을 유지해야 하는

---

3 Water Line이라고 하며 부유물이 부력을 가지고 물에 떠 있을 때 물과 선체가 만나는 선을 지칭한다.

데 혼자인 경우 몸을 최대한 웅크리는 자세를 취하고 여러 명이 있을 경우 모여서 각자의 체온이 빠져나가는 것을 막도록 하는 것이 좋다. 체온저하 방지자세는 HELP (Heat Escape Lessening Posture)라고 해서 각 항공사별로 정하는 자세를 따른다.

수온에 따른 의식유지시간과 생존시간은 개인적인 차이에 따라 다르지만, 일반적으로는 다음과 같다.

수온	의식유지시간	생존시간
0℃	15분 이하	15 ~ 45분
0 ~ 5℃	15 ~ 30분	30 ~ 90분
5 ~ 10℃	30 ~ 60분	1 ~ 3시간
10 ~ 15℃	1 ~ 2시간	1 ~ 6시간
15 ~ 20℃	2 ~ 7시간	2 ~ 40시간
21 ~ 26℃	3 ~ 12시간	3시간 이상

② 상황대처의 어려움

구명조끼 같은 부유물에 의지한 채 수면 위에 떠있을 경우 신체의 움직임이 부자연스러울 수 있고 일정하게 고정된 물체들을 통해 거리를 측정할 수 있는 지상에서와는 달리 고정물이 없는 수면에서는 조난자가 이동하려고 하는 목표점이 본인이 인식하는 거리보다 훨씬 멀리 위치해 있기 때문에 이로써 당황하여 이성적인 판단을 내리지 못하는 경우가 있다. 래프트에 타고 있을지라도 식수나 식량을 구하는 데 어려움이 있어 생존을 위한 상황대처가 쉽지 않다.

③ 주변 환경의 위협

일반적인 생물들은 자기보다 작은 동물들을 공격하는 습성이 있다. 해양생물들과 마찬가지로 조난자가 바다에 떠있을 경우 해양생물들의 공격을 받을 수 있고 래프트에 있는 경우에도 파도나 해류 같은 요소들로 원하지 않는 곳으로 표류하거나 안전하게 목표점을 향해 나아가려는 의지가 실현되지 않을 수 있다.

④ 신속한 구조활동의 어려움

해난 구조의 경우 광활한 지역의 특성으로 조난자를 찾기 쉽지 않다. 일반적으로 항공기가 레이더상에서 사라진 지점부터 구조대가 수색을 시작하는데, 조난자들이 해류에 의해 먼 지역으로 표류하는 경우에는 더욱이 수색이 용이하지 않다.

2) 비상착수 시 사용할 부유장비

① 구명조끼(Life Vest)

모든 승객 좌석 하단과 승무원 Jump Seat에 위치하고 있다. 이름은 조끼이나 형태는 두 개의 튜브형태 챔버(Chamber)가 붙어있는 형태로 목 주위에 착용하며 허리끈으로 지지하게 되어 있다. 비상착수가 결정될 경우 승객 브리핑 시 착용을 하나 승무원들은 탈출 직전 팽창하도록 유도해야 한다. 비상탈출 전 좌석이나 객실통로에서 팽창할 경우 챔버의 팽창으로 인해 탈출 승객 간격이 멀어져 탈출시간이 지연되고 항공기 객실이 침수될 경우 팽창된 챔버로 인해 탈출구로 접근하지 못할 수 있다.

어린이의 경우 구명조끼의 두 챔버를 팽창할 경우 강한 팽창력에 의해 호흡과 부자연스러운 행동이 발생할 수 있어 하나의 챔버만 부풀리는 것이 좋으며 한 개의 팽창된 챔버만으로도 수면에 떠있기에는 충분하다. 유아의 경우는 유아용 구명조끼를 사용하거나 어른용을 사용할 경우 튜브처럼 허리에 끼워 사용할 수 있다.

② 부유의자 쿠션

객실 내 승객 좌석의 쿠션은 물에 뜨도록 제작되어 있다. 비상착수 시 구명조끼나 다른 부유물질들을 찾지 못한다면 좌석의 쿠션을 뜯어내어 부유물로 사용할 수 있다. 일부 외항사의 경우 부유물로서 사용을 용이 하게 위해 쿠션에 손잡이가 있는 경우도 있다.

3) 비상착수절차

비상착수를 진행할 경우 비상탈출과 진행절차는 거의 비슷하나, 차별화된 요소들이 몇 가지가 있다. 살펴보면 다음과 같다.

① 차별화된 비상착수 절차

- 브리핑 시 착수지점의 특징이나 기상 등의 조건들을 상세히 파악하여 전파할 필요가 있다. 착수의 경우 생존이나 구조가 착륙에 비해 쉽지 않으므로 반출품으로 물이나 기내에 남아있는 식량들을 추가로 많이 확보할 필요가 있으며 이러한 반출품에 대해 적절한 분배가 필요하다.

- 탈출차림 점검을 착륙에 비해 세밀하게 할 필요가 있다. 착륙 시 슬라이드를 잠시 미끄럼틀로 사용하는 경우와는 달리 착수의 경우 래프트로 장시간 사용하기 때문에 합성수지로 만들어진 래프트에 손상을 줄 수 있는 하이힐이나 구두 등 승객들의 날카로운 물질들은 탈출하기 전 제거할 필요가 있다.

- 구명조끼를 착용할 수 있도록 안내를 해야 한다. 구명조끼의 위치, 착용법, 팽창방법, 팽창정도 조절법, 팽창시점 등을 상세하게 안내하여야 한다.

② 항공기 정지 후

신속히 미끄럼틀을 타고 탈출해야 하는 비상착륙과는 달리 착수의 경우 승객들을 래프트에 안전하게 탑승시킨다. 래프트 탑승 시 이동이 지상처럼 쉽지 않기 때문에 무릎으로 기어서 이동하는 것도 좋으며 래프트의 가장자리로부터 차례대로 앉을 수 있도록 안내한다. 승무원은 승객을 차례대로 탑승시키며 잔류자가 없는지 확인한 후 최종적으로 할당된 반출품을 확인하고 마지막으로 승무원이 래프트에 탑승한다. 승무원 탑승 후 래프트의 Detachment 핸들을 사용하여 1차 분리를 한 후 Mooring Line을 절단하여 래프트를 항공기로부터 완전히 분리시킨다. 이때 승무원은 승객들을 지휘하여 래프트를 항공기 수직방향으로 최대한 멀리 이격시킨다. 래프트에는 장착된 동력이 없으므로 이동시킬 때 탑승자의 손이나 도구들을 이용하여 이동하도록 한다. 항공기 동체가 수면 밑으로 완전히 침몰하면 사방으로 흩어진 래프트들은 항공기 조종석 방향(Nose 방향) 위치로 모이도록 하며 래프트들이 한 곳으로 모이고 나면 승무원들은 승객들의 도움을 받아 캐노피를 설치하여 비, 바람, 파도로부터 보호를 하고, Sea Anchor를 펼쳐 표류속도를 늦추도록 한다. 그리고 ELT와 Sea Dye Marker 등을 사용하여 구조요청을 위한 신호보내기를 실시함과 동시에 환자들이 있다면 적절한 조치를 취한다. 또한 바다에 표류하는 승객들이 있다면 Heaving Line을 사용해 구조한다. 항공구조대나 다른 선박이 올 경우를 대비하여 Signal Kit을 준비해야 한다.

01 성공적인 비상탈출의 5요소에 대해 설명하시오.

02 비상탈출의 2가지 방법에 대해 이야기하시오.

03 비상착수의 특성에 대해 서술하시오.

04 차별화된 비상착수절차에 대해 논하시오.

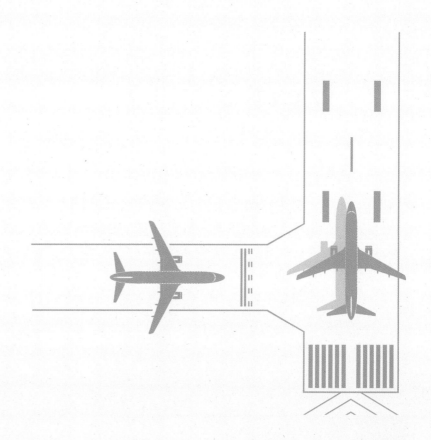

Chapter 08

항공보안

항공사고의 경우 대부분 대형 참사로 되는 경우가 많아 교통산업에서 항공교통의
안전은 매우 중요한 요소인데 항공사고의 요인으로서 실수나 의도하지 않은 오류에
의해 발생이 되는 경우도 있으나 의도된 범죄에 의한 사고도 있다. 이러한 의도적인
범죄에 의한 사고와 관련해서는 항공보안이라는 용어를 사용한다. 범죄에는 목적이
있어 범죄를 저지르는 주체들은 그들이 원하고자 하는 목표를 달성하기 위해 많은
행위들을 자행하는데, 많은 생명과 자산을 쉽게 인질로 잡아 원하는 목표를 쉽게 이
룬다는 장점에 항공기 자체나 항공관련 시설들이 주 대상이 되고 있다.

1. 항공보안

국제민간항공기구(ICAO)의 정의에 의하면 항공보안이란 항공운항활동을 저해하
는 범죄행위로부터 항공운송사업을 보호하기 위한 인적, 물적 자원을 동원해서 수
행하는 모든 대책을 의미한다(A Contribution of measures and human and material
resources intended to safeguard international civil aviation against acts of unlawful
interference. Annex 17 to the convention on International Civil Aviation, Chap1,
Definition). 즉, 계획적이거나 우발적인 항공과 관련된 모든 의도적인 위험요소를 제
거하거나 예방하는 업무로 항공관련 위해행위는 항공기 폭파, 납치, 승객인질, 폭파
위협, 협박전화 등이 있으며, 이를 위한 보안행위로서 승객 및 화물의 검색, 항공기
및 주요 시설물 경비, 승객들의 동향을 감시하는 것들이 있다.

1) 항공범죄의 종류

항공기 납치행위, 항공기 납치기도행위, 비행 중인 항공기 폭파행위(사보타지), 공항 등 항공운송시설물 폭파행위나 폭파기도행위, 항공기 내 범죄행위, 기타 항공운송의 안전성을 저해하는 불법행위

2) 항공보안관련 국제협약

연도	협약	내용
1963	Crimes Aircraft Convention (도쿄)	항공법상의 형법 범죄에 대한 기본적인 틀 마련
1970	Hijacking Convention (헤이그)	체약국의 Hijacker를 체포, 처형, 발본색원하고 중벌에 처함. 범죄자 처벌기준 마련
1971	Montreal Convention (몬트리올)	헤이그 협약에 Sabotage를 추가함20
1978	Bonn Declaration (본)	항공보안을 어기는 국가에 대해서는 항공서비스를 중단함을 결의
1986	Tokyo Summit on International Terrorism (도쿄)	테러지원 국가에 대한 제재조치를 구체적으로 결의
1988	Montreal Protocol (몬트리올)	1971년 몬트리올 협정을 모든 국제공항에서 발생하는 범죄에 적용

3) 항공보안관련 정부의 관계기관 및 업무

① 경찰

공항지역의 일반적인 법 집행관련 업무와 치안업무를 담당한다. 그리고 항공보안과 관련하여 공항보안 검색지역에서 검색 거부나 불법물질 탐지 시 공권력 집행을 하며 대테러리스트 활동도 한다.

② 정부의 공항파견부서 및 공항당국

공항의 항공보안업무를 지휘하는 업무는 공항에 파견된 정부의 항공부서직원들이 하며, 또한 일상의 공항보안업무를 조정하는 역할을 한다. 공항당국은 보안전담부서

를 통해 공항보안 프로그램을 수립하여 운영한다. 공항보안부서가 수행할 책임이 있는 항공보안업무는 다음과 같다.

- 보안통제구역(Security Restricted Area) 지정 및 운영
- 공항 외각 울타리 설치 및 운영
- 보안통제구역 순찰 및 보안상태 유지
- 폭파위협에 대한 초동대응
- 지상 항공기 납치(Hijack)에 대한 초동대응 및 대응반에 대한 협조
- 공항지역 내 항공기 보안 업무에 도움을 주는 업무 수행

③ 법무부와 국방부

법무부는 공항 출입국 심사에 관련된 보안업무를 하고, 국방부는 공항시설 내 생화학 테러물질이나 폭발물이 발견될 시 이를 지원 협조하며 테러단체로부터 공항시설이 점거당하거나 항공기 납치 등 테러위협이 가해질 시 국가대테러대책위원회 결정에 따라 지원, 협조한다. 또한 공항 외각경계 및 방호 업무도 한다.

④ 국토교통부

민간항공 보안관련 법령 및 규정을 수립하고 조사 및 연구하며 이를 유지하고 관리한다. 항공보안 운영지침을 제·개정하여 관리하며 공항 및 항공사의 보안시행계획을 승인함과 이에 대한 점검과 실태를 조사한다. 항공안전 보안장비의 기준도 제정한다.

⑤ 국가정보원

항공보안과 관련된 국내외 정보를 수집 및 작성하고 불법행위 대응을 위한 정보 협력 체제를 유지한다. 불법행위 대응능력 배양을 위한 위기관리기법을 연구하고 발전하여 보안대책 제공과 불법행위에 대응하는 정보, 기술, 교육훈련 등을 지원한다.

⑥ 항공사

항공사는 보안사건에 의한 최대의 피해자로서 전통적으로 사내 보안조직을 구성하여 전반적인 보안업무를 진행해 왔으며 많은 보안대책을 수행해 왔다. 항공사의

보안업무는 자체 보안 프로그램을 수립하여 수행하며 이러한 보안 프로그램은 정부의 승인을 받도록 되어 있다. 항공사의 항공보안 관련 업무는 다음과 같다.

- 자사 승객, 휴대물품, 수하물, 화물에 대한 보안조치
- 항공화물의 검색 및 보호책임
- 기내식 등 항공기 탑재물품에 대한 보안점검
- 항공기 내 보안장비 탑재 및 운영
- 조종실 출입 통제

⑦ 객실승무원 보안활동

객실승무원은 항공기 탑승 전 브리핑 시 강조된 보안사항을 바탕으로 운항 전 기내 보안장비를 철저히 확인하고 승객 탑승 시, 운항 중 승객의 동향을 철저히 감시한다. 세부적인 사항들은 각 항공사 보안 등급별 세부 행동지침에 따른다.

4) 항공기 보호 및 출입통제

항공기 보안을 이유로 항공기 출입에는 엄격한 통제가 요구된다. 승객 탑승 전 지상 대기 시에는 허가받은 자만이 항공기에 출입을 할 수 있으며, 이는 출입증으로 확인한다. 국가의 항공관련 기관 및 해당 안전점검관 역시 승무원에게 신분증을 제시 후 항공기에 출입할 수 있다. 따라서 객실승무원은 항공기에 출입하는 모든 사람들에 대해 해당 보호구역 출입증을 패용하고 있는지 여부와 이를 확인해주는 신분증, 출입목적 등을 확인해야 한다. 경유지에서 또한 승무원은 보안활동을 지속하는데 이때에는 최소 승무원 탑승 규정에 따른 최소 승무원 이상이 항공기에 잔류해야 한다. 항공기와는 달리 조종실의 경우 더욱 엄격한 보안활동이 요구되는데 조종실 출입가능인원과 출입절차는 각 해당 항공사의 규정에 따른다.

5) 폭발물 발견 시 처리절차

폭발물로 예견되는 물건을 객실 내에서 발견하였다면 일단 객실승무원은 해당 물건을 만지거나 이동하지 말아야 한다. 폭발물의 경우 원격조종이나 부비트랩을 통해 뇌관을 작동시킬 수 있으니 즉시 기장을 통해 전문가들과 상의하여야 한다. 폭발물

의심물건을 보고할 때에는 폭발물의 외형이나 크기, 종류 및 수량, 위치한 곳, 그 외 기타 정보에 대한 것들이다. 전문가들로부터 해체나 이동에 대한 지시가 온다면 이후 해당 목적물에 대해 지시에 따라 행동한다. 운항 전 발견하였을 경우 승객의 탑승을 중단시키고 이미 탑승한 승객들은 멀리 떨어지도록 지휘한다. 운항 중 발견하였을 경우 옮길 수 있다면 해당 폭발물을 항공기 최후방 우측 탈출구쪽으로 이동하고 방폭담요를 덮는다. 가능하면 승객 좌석들도 많이 확보하여 덮고 담요도 사용하여 최대한 많이 덮는 것이 좋다. 이때 항공기 최후방 우측 탈출구를 폭발물 피해최소구역이라고도 한다.

6) 항공기 불법납치 발생 시 처리절차

테러분자들로부터 항공기 불법납치 기도가 있다면 객실승무원은 가능한 대로 즉시 기장에게 해당 사실을 인터폰을 통해 알린다. 이때 범인들의 국적이나 성별, 범인 수, 소지하고 있는 무기, 범행목적, 범행내용 등 여러 가지 정보들을 알려야 한다. 인터폰을 사용하기 여의치 않은 경우라면 가장 가까운 비상벨로 이동하여 비상벨로 알린다. 이때 객실승무원은 범인들을 제압하려 하지 않는 것이 좋으며 특히 무력 사용 시 신중을 기해 사용할 필요가 있다.

7) Unlawful Interference & Unruly Pax

테러와는 달리 상식적이지 않은 생각을 가지고 있거나 술 혹은 약물에 취해 승무원의 업무를 불법간섭하거나 방해하는 승객들이 있다. 이러한 경우 승무원에게 위해를 가하거나 나아가 비행의 안전에도 영향을 줄 수 있기에 이러한 사항들을 항공안전 및 보안에 관한 법률로 지정하여 관리하고 있다. 해당 사항은 다음과 같으며, 하기 사항보다 더 많은 내용이 있다.

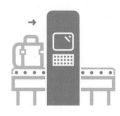

항공보안법

위반사항	처벌조항	
제23조 제1항 제6호 • 기장의 승낙 없이 조종실 출입을 기도한 자 **제23조 제4항** • 항공기 안에서 항공기 운항안전을 저해하는 행위를 금지하는 기장 등의 정당한 직무상의 지시를 따르지 않는 자	3년 이하의 징역 또는 3,000만원 이하의 벌금	
	운항 중	계류 중
제23조 제1항 제1호, 제3호 사전계고에도 불구하고 다음 사항에 해당하는 행위를 하는 자 • 폭언, 고성방가 등 소란행위 • 주류나 약물 등을 음·복용하고 타인에게 위해를 초래하는 행위	3년 이하의 징역 또는 3,000만원 이하의 벌금	2년 이하의 징역 또는 2,000만원 이하의 벌금
	운항중	계류중
제23조 제1항, 제2호, 제4호, 제5호 운항중인 항공기 내에서 • 흡연 (흡연구역에서 하는 것은 제외) • 성적 수치심을 유발하는 행위 • 항공안전법 규정을 위반하여 전자기기를 사용하는 행위	1,000만원 이하의 벌금	500만원 이하의 벌금
제23조 제1항 제7호 • 폭행, 협박 또는 위계로서 기장 등의 정당한 직무집행을 방해하여 항공기와 승객의 안전을 해친 자	10년 이하의 징역 또는 1억원 이하의 벌금	
제23조 제2항 • 승객은 항공기의 안전이나 운항을 저해하는 폭행·협박·위계 행위를 하거나 출입문·탈출구·기기를 조작하여서는 안 된다.	10년 이하의 징역	
제23조 제2항 • 항공기 내에서 다른 사람을 폭행한 자	5년 이하의 징역	

2. 항공보안경보 구분

1) 평시 (Green)

불법행위 위협이 낮은 단계로 승객 개별 수속이나, 도검류 등의 물건들의 기내반입 금지, 항공기 비인가자 접근 및 출입 통제 등 우리들이 알고 있는 기본적인 항공보안 업무를 수행한다. 객실승무원은 운항 전 기내 보안검색을 실시하고 운항 전, 후로 조종실 출입 통제절차를 준수한다. 조종실 출입 통제절차는 항공사별 절차에 따른다.

2) 관심 (Blue)

테러징후가 있으나 그 활동수준이 낮으며, 가까운 기간 내에 테러로 발전할 가능성도 비교적 낮은 상태로 불법 위협이 평상시보다 높은 준경계상황이다. 대부분 일반적으로 공항에 적용되는 항공보안 등급으로 평시보다 약간 강화된 보안검색과 순찰을 실시한다. 객실승무원은 기내 탑재되는 물품들의 봉인(Sealing) 여부를 육안으로 확인하고 운항 후 기내 보안점검을 실시한다.

3) 주의 (Yellow)

테러징후가 비교적 활발하고, 테러로 발전할 수 있는 일정 수준의 경향성이 나타나는 상태로 공항, 항공기 등에 대한 위협정보가 있거나 국빈방문과 같은 국가 행사 시에 취하는 조치이다. 주의 경보에서는 대리수속 금지는 물론 단체가 일괄적으로 체크인하는 것을 금지하고, 수하물 작업지역에 감독자를 배치하고 순찰 관심 단계보다 강화하며, 항공기 운항 중에도 일정 간격으로 기내 순찰 및 승객 동향을 파악한다. 객실승무원은 승무원들의 가방이 방치되지 않도록 해야 하며, 운항 전 보안 브리핑을 실시한다. 일반적으로 정상회의기간이나 올림픽 혹은 월드컵 등 행사가 있을 때 발령된다.

4) 경계 (Orange)

테러와 유사한 활동이 매우 활발하고 전개속도, 경향성 등이 현저한 수준으로서 테러로 발전가능성이 농후한 상태로 2005년 APEC(아시아태평양경제협력체) 정상회의가 부산에서 개최되었을 때 인천공항 개항 이래 처음으로 항공보안등급이 경계로 강화되었으며 당시 항공기 탑승객과 휴대품에 대해 일정 비율 이상 정밀 검색을 실시했고, 위탁 수하물도 일정 비율로 개봉검색을 하였다. 이 단계에서는 폭발물처리반이 비상대기하면서 공항 내, 외곽에 집중적으로 순찰을 강화하였고, 군 화학소대와 경찰특공대 등 대테러 전담부대가 여객터미널에 전진 배치되었다. 객실승무원은 해외 체류 시 현지 공항지점과 비상연락망을 유지한다.

5) 심각 (Red)

테러와 유사한 활동이 매우 활발하고 전개속도, 경향성 등이 심각한 수준으로서 테러 발생이 확실시되는 상태에 적용되는 경보이다.

3. 승무원의 항공기 보안업무

항공기는 보안 목표시설로 승무원은 보안업무를 담당한다. 따라서 승객 탑승 전에는 항공기 내에 출입하는 사람들의 출입허가증과 탑재되는 물품의 보안사항을 확인하고 승객 탑승 시 탑승권을 확인함으로써 해당 편 승객인지를 확인한다. 기장을 포함한 승무원들은 검색, 체포, 하기 조치를 위해 권한을 행사할 수 있으며, 이를 위해 보안장비를 사용할 수 있다.

보안상 승무원은 타인을 대신하여 우편물이나 물품을 운반할 수 없으며, 승객 탑승 중 동향을 감시한다.

4. 조종실 출입가능인원

운항 중 조종실에 출입할 수 있는 인원은 항공안전법과 각 항공사의 보안규정에 따라 철저히 제한된다. 항공안전법에 따르면 국토교통부 항공안전감독관이 항공안전감독 임무를 수행하기 위하여 운항자격심사관증(Check Airman Credential Form) 또는 항공안전감독관증(Aviation Safety Inspectors Credential Form)을 소지한 경우와 임무 중인 승무, 각 항공사의 운항규정에서 정한 절차에 따라 허가를 받은 사람만이 운항 중 조종실 출입이 가능하다.

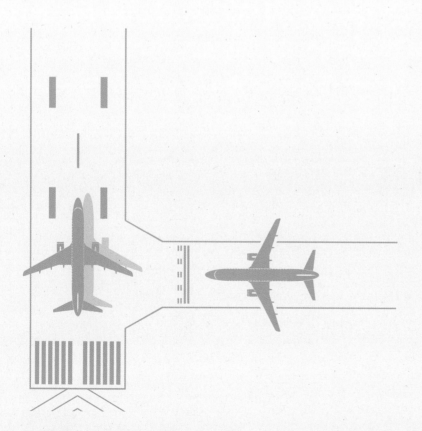

01 항공보안의 ICAO 정의에 대해 서술하시오.

02 항공보안경보의 구분과 구분 색상에 대해 쓰시오.

....

....

....

....

....

....

03 조종실 출입가능인원의 정의에 대해 설명하시오.

....

....

....

....

....

....

....

....

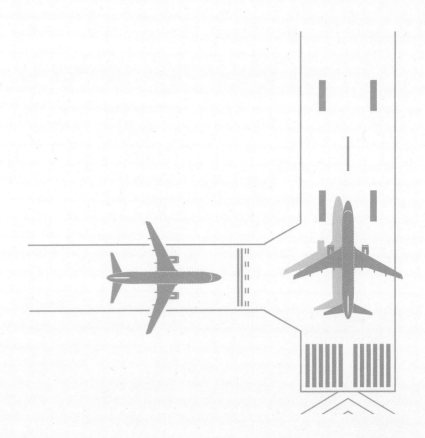

Chapter 09

위험물
(Dangerous Goods Regulations)

항공기로 운송하는 화물은 현대기술이 발전함에 따라 여러 복잡한 산업구조에 따른 원자재나 중간재, 일반 상품을 비롯하여 살아있는 동물까지 그 종류가 다양하다. 이에 따라 항공기 적재화물에 있어 위험물도 증가되고 있는데 항공수송의 경우 작은 위험요인이라도 항공기의 안전운항에 영향을 줄 수가 있어 보다 체계적이고 안전한 항공 위험물 운송을 위해 항공운송사업자와 국가에서 관리하고 있으며 위험물 관련 국제기구에서는 꾸준한 연구와 기준을 제정하고 있다.

1. 항공운송산업에서의 위험물이란

항공안전법 제 70조 위험물 운송 및 항공안전법 시행규칙 제209조 위험물 운송허가 등에 규정한 폭발성 또는 연소성이 높은 물건, 기타 타인에게 위해를 주거나 다른 물건을 손상시킬 우려가 있는 물건으로 정의되며, 운항기술기준 1.1.1.4 용어의 정의 53에 의하면 위험물(Dangerous goods)이라 함은 법 및 위험물운송기술기준상의 위험물 목록에서 정하였거나, 위험물운송기술기준에 따라 분류된 인명, 안전, 재산 또는 환경에 위해를 야기할 수 있는 물품 또는 물질로 표현되고 있다.

항공산업에서는 위험물을 건강, 안전, 재산 또는 환경에 영향을 줄 가능성이 있는 물건이나 물질로 IATA DGR(Dangerous Goods Regulations)의 위험물 목록에 표시되어 있거나 해당 규정에 근거하여 분류된 것으로 항공으로 운송이 금지되지 아니하고 각 화물의 특성에 따라 ICAO, IATA DGR의 항공위험물 운송기준에 따라 탑재가 된 화물이다.

항공탑재 위험물은 항공기 객실 내에 거의 탑재가 되지 않고 주로 화물로 수송되는 것이 원칙이기에 객실승무원이 접하거나 다루어야 할 경우가 많지는 않다. 하지만 초기 위험물 훈련을 이수하지 못하면 승무원의 임무를 수행할 수 없도록 법제화되어 있고 정기적으로도 훈련을 받도록 되어 있어 승무원들도 기본적인 사항에 대해 인지할 필요가 있다.

항공안전법에서도 승무원은 초기 훈련 시 위험물품 수송의 인지와 위험물에 대한 적절한 포장과 표시 그리고 서류 작업, 위험물품의 적재, 보관, 운반에 관한 지식 등에 관한 교육을 이수하여야 하며, 12개월마다 받아야 하는 정기훈련 시 지상학 과정으로 이수를 하여야만 임무를 수행할 수 있도록 되어 있다.

2. 위험물의 종류와 명칭

종류별		종류의 명칭	
제1류	CLASS 1	폭발물	Explosives
제2류	CLASS 2	가스	Gases
제3류	CLASS 3	인화성 액체	Flammable Liquid
제4류	CLASS 4	가연성 고체	Flammable Solid
		자연발화성 물질	Substances liable to spontaneous combustion
		물과 반응하여 인화성 가스를 발생하는 물질	Substances which, on contact with water, emit flammable gases
제5류	CLASS 5	산화성 물질 및 유기과산화물	Oxidizing substances and organic peroxide
제6류	CLASS 6	독성 물질과 감염성 물질	Toxic and infectious substances
제7류	CLASS 7	방사성 물질	Radioactive material
제8류	CLASS 8	부식성 물질	Corrosive substances
제9류	CLASS 9	기타	Miscellaneous

3. Labeling과 Marking

1) Hazard Labels

① CLASS 1. Explosives

폭발할 수 있는 물질들로 화약류, 권총 탄환, 폭죽등이 해당된다.

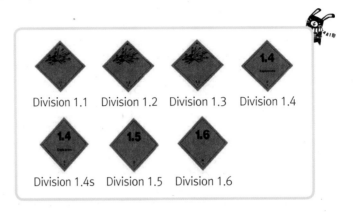

Division 1.1 Division 1.2 Division 1.3 Division 1.4
Division 1.4s Division 1.5 Division 1.6

② CLASS 2. Gases

가스류로 Division 2.1 인화성 가스, Division 2.2 독성이 없는 가스, Division 2.3 독성 가스 등이 있다.

Division 2.1 Division 2.2 Division 2.3

③ CLASS 3. Flammable Liquid

인화성 액체로 페인트, 알코올, 접착제 등이 해당된다.

④ CLASS 4. Flammable Solid

인화성 고체로 성냥이나 황 등이 있다.

Division 4.1   Division 4.2   Division 4.3

⑤ CLASS 5. Oxidizing substances and organic peroxide

산화성 또는 유기과산화물로 표백제 등이 있다.

Division 5.1   Division 5.2

⑥ CLASS 6. Toxic and infectious substances

독성이나 전염성이 강한 물질들이다.

Division 6.1   Division 6.2

⑦ CLASS 7. Radioactive material

방사능 물질로 우라늄, 플루토늄 등이 있다.

White   Yellow II   Yellow III

⑧ CLASS 8. Corrosive substances

부식성 물질로 수은 등이 있다.

⑨ CLASS 9. Miscellaneous

Class1부터 8까지 속하지 않는 물질이거나 아니면 다중으로 혼합되어 있는 물질들로 드라이아이스나 자석, 자동차 등을 이야기한다.

2) Handling Label

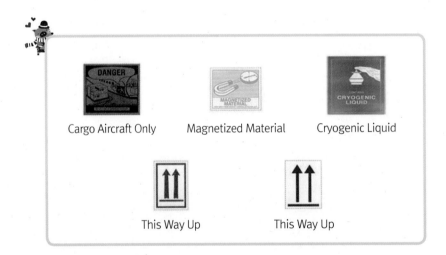

Cargo Aircraft Only　　Magnetized Material　　Cryogenic Liquid

This Way Up　　This Way Up

3) Marking

위험물이 담긴 포장물의 경우 기본적으로 표기되어야 할 사항이 있는데, 다음과 같다.
- 운송명칭(Proper shipping name)
- UN번호나 ID번호

- 송하인과 수하인의 정확한 주소와 이름
- UN Marking
- 기타 특정 품목에 요구하는 특정 기재사항

UN Marking이 있는 포장물을 운송을 위해 한 번 더 포장하는 경우에 부착표시가 보이지 않는 경우가 발생하는데 이때는 외부 포장에 해당 내용을 설명하는 문구를 표기해야 하며, 이러한 경우 포장물에 UN Marking의 표기를 면제해주는 경우도 있다. 또한 소량 위험물(Limited Quantity)의 경우에는 유엔 규격용기의 사용은 면제해주나, 소량 위험물의 용기라는 표기를 하여야 한다.

4. 위험물 응급 절차

위험물로 인한 다양한 응급 상황들이 발생할 수 있는데 위험물들은 기본적으로 활성화될 경우 안전운항에 영향을 주거나 항법장치에 영향을 줄 수 있기 때문에 위급 상황 발생 시 적절한 대처가 필요하다. 기본적인 대처는 위험물로 인해 응급 상황이 발생하면 기장에게 통보하여 NOTOC[1]의 정보를 활용해 대처해야 하며, 승객들에게 적절한 조치를 취한다. 각 상황별 대처는 다음과 같다.

1) 위험물로 인한 일반 화재 시

항공사별 표준 화재진화절차에 따라 적절한 소화장비를 사용하여 진화한다.

2) 위험물로 인해 전기장치와 연결된 화재 시

항공사별 표준 화재진화절차에 따라 적절한 소화장비를 사용하며, 진화절차를 진행하면서 해당 전기장치의 전원공급을 중단한다. 배터리 충전 중 화재 발생 시 전

---

1 NOTOC(Notification to Captain) : DGR에 의하여 항공기 객실이나 화물칸에 위험물이 탑재될 경우 기장에게 알리는 서류를 이야기한다.

원을 제거한 후 H₂O 소화기의 사용이 가능하며 Halon 소화기를 사용한 다음이라면 H₂O 소화기를 사용해 해당 배터리의 잔열을 제거할 필요가 있다.

3) 위험물이 유출된 경우

종이타월이나 신문 등 흡착제와 방화장갑이나 비닐장갑, 비닐봉투 등을 준비한 후 PBE와 장갑을 착용하고 해당 위험물의 처리절차에 따라 처리를 하며, 이때 승객들에 게도 적절한 조치를 취한다. 위험물이 담긴 비닐봉투는 각 항공사별 절차에 따르며 일반적으로 항공기 우측 후방에 격리하여 고정시킨다. 오염지역 또한 위험물과 동일 하게 처리하며, 제거가 불가능할 경우 큰 비닐봉투로 오염지역을 덮는다. 그 후 해당 지역을 정기적으로 점검한다.

quiz

01 위험물 DG에 대해 서술하시오.

02 Label의 두 종류에 대해 설명하시오.

03 class7에 대해 서술하시오.

04 Marking에서 기본적으로 표기되어야 할 사항에 대해 쓰시오.

05 위험물 유출 시 처리방법에 대해 서술하시오.

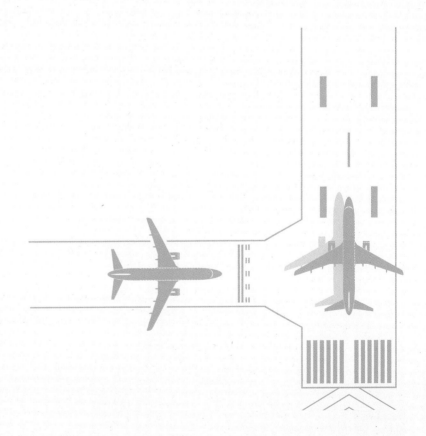

Chapter 10

CRM
(Crew Resource Management)

항공운송에 있어 안전은 경제적인 의미 이전에 사고와 직결됨으로써 중요한 고려 요소 중의 하나이다. 사고를 예방하기 위해 항공이나 철도, 원자력 등 고신뢰도 시스템(High Reliability System) 운영 시 인간의 운영능력을 넘는 한계상황이나 실수를 예방하기 위해 노력하고 있다. 이러한 항공운송에서의 노력은 첨단기술의 발달에 따라 기체의 안전성 확보나 운영의 안전을 위한 소프트웨어의 개발 등 기술적인 진보가 있었다. 이러한 노력으로 항공기 사고에 있어 기계적인 결함이나 운영적인 면에서의 사고는 많이 줄었으나 인간의 실수에 의해 발생되는 사고는 늘어가고 있다.

인간이 기계의 사용에 있어 부조화의 실수를 최소화할 수 있도록 여러 가지 개선을 통해 작업능률을 극대화하고 위험으로부터 인간을 보호하기 위해 영국에서 시작된 인간공학(Ergonomics)에서는 Human Factors라는 분야를 파생하였는데 항공분야에서는 이러한 Human Factors에 대하여 항공심리학(Aviation Psychology) 분야로서 관심을 가지게 되었다.

최초로 항공사고에 있어 비기술적인 면을 검토하기 시작한 것은 1972년 12월 29일 플로리다에서의 L-1011항공기 사고로부터이다. 이 사고에서 미국교통안전위원회(NTSB : National Transportation Safety Board)는 사고의 이유를 승무원의 과실로 규정하였고 그 조사결과에서 조종사에 의한 조종실 자원관리에 중대한 잘못이 있음을 발견함과 이 분야에 대해 훈련을 할 수 있도록 모든 항공사에 권고한 것으로부터 시작된다. 이로 인해 조종실 자원관리(Cockpit Resource Management)로부터 시작된 CRM은 이후 승무원 자원관리(Crew Resource Management)로 발전되었고, 이후 지속적으로 개선 및 발전되고 있다.

현재 FAA(Federal Aviation Administration) 내 Cabin Safety Subject Index Reference내 '§121.421 Flight attendants: Initial and transition ground training'에서 객실승무원들의 CRM에 대한 지침을 제시하고 있고 이에 따라 대한민국 내 항공사는 운항기술기준 '8.3.4.4 초기 승무원 자원관리'에 의거하여 해당 교육을 이수한 자만이 승무원을 할 수 있다고 규정하고 있으며, 훈련은 다음의 사항을 포함하여야 한다고 되어 있다.

그 사항은 다음과 같다.

> **운항기술 기준 별표 8.3.4.4 초기 승무원 자원관리(CRM) 및 운항관리사 자원관리(DRM) 훈련(Initial Crew/ Dispatcher Resource Management)**

다. 초기 승무원 자원관리 훈련과정은 다음 각 호의 내용을 포함하여야 한다.

1) 의사전달체계 및 결정행위
2) 의사소통에 영향을 미치는 요인
3) 의사소통의 장애물
4) 경청방법
5) 의사결정 방법
6) 효과적인 결론 도출법
7) 공개적인 의사전달 개발
8) 조사, 옹호, 주장 훈련
9) 승무원의 자기반성
10) 갈등 해소방법
11) 적절한 팀의 구성 및 그 유지방법
12) 리더십 훈련
13) 대인관계
14) 업무량 관리
15) 상황 파악
16) 목표달성을 위한 방안
17) 업무량 분배
18) 산만함 방지
19) 개인적 요인
20) 스트레스 감소방안

1. CRM 발전과정

1) 제1세대 CRM : Cockpit Resource Management (1981~1986)

1981년 유나이티드 항공에 의해 시작되어 관리효과를 높이기 위한 훈련에 중점을 두었다. 즉, 개인의 성향을 변화시키고 기장의 권위적인 행동이나 이에 따른 하급자의 자기주장 결핍 등의 결함을 바로잡는 것이다. 개인 간 행동의 심리적 요소, 팀워크에 중점을 두었다.

2) 제2세대 CRM : Crew Resource Management (1986~1990)

제2세대 CRM의 가장 큰 특징은 훈련의 범위가 조종실에서 벗어나 객실승무원을 포함하게 된 것이다. 델타 항공에서 발전된 CRM 훈련은 과거의 자료와 현재의 승무원 집단이 가지고 있는 경험을 보완하였고 추후에도 발생할 수 있는 문제와 현재의 통합적인 변화도 수용하였다.

3) 제3세대 CRM : Advanced CRM

제3세대 CRM은 그 대상을 항공정비요원과 운항관리사 등으로 안전훈련의 범위를 넓혔으며 본질상 통합자원관리(Corporate Resource Management) 훈련에 근접한 시스템의 시작이라고 할 수 있다. 운항승무원들에게 있어 부적절한 훈련에서 오는 스트레스요인이 개발되었으며 조직적인 훈련과 비행안전에 대한 관계를 강조하였다.

4) 제4세대 CRM : Integrated CRM

제4세대 CRM에서 노선적응훈련(LOFT : Line Oriented Flight Training)의 실시가 시작된다. 이는 CRM 개념을 기술훈련에 있어 모든 면에서의 통합을 요구한 것이며, 이전의 CRM 훈련에서 고려되지 않았던 다른 핵심 변수들을 통합하는 것의 중요성을 보여주었다.

5) 제5세대 CRM : TEM (Threat and Error Management)

제5세대 CRM은 보편적 원리의 추구이며 승무원들이 공감하는 것이다. 제5세대 CRM의 기본요소로서는 실수관리, 인간행동의 제한사항 인식, 초기 훈련개념의 재개로서 실수관리의 테두리 안에 모두 포함된다.

6) 제6세대 CRM : 통합자원관리(Corporate Resource Management)

일반적인 항공기 사고의 경우 한 가지의 실수에 의해 발생되기보다는 여러 부문에서 문제점들을 가지고 있게 된다. 평상시라면 사고에 이르지 않을 만한 문제 요소들이 복합적으로 어우러지면서 사고에 이르게 된다. 따라서 조직 내의 구성원들 간의 원활한 의사소통을 통해 각 개인의 지식이나 기술, 상대방에 대한 이해 등 정보를 공유하는 것이 필요하다. 따라서 이 모든 것에 대한 통합적인 자원관리가 필요한 것이다. 이는 2000년 콩코드 여객기의 사고 사례에서 잘 나타나고 있다.

2. 승무원으로서의 CRM이란

CRM은 안전하고 효과적인 비행을 위해 가능한 모든 자원을 활용하는 것으로 승무원 간의 협력에 대한 필요성을 이해하고, 승무원들이 지니고 있는 능력의 한계 극복과 조직의 성과를 향상시키기 위한 필요한 요소들에 대한 지식과 기술을 훈련하여 안전한 비행을 유지할 수 있도록 효과적이고 안전한 판단 및 의사결정을 할 수 있는 능력을 가지게 하는 것이다.

3. TEM (Threat and Error Management)

1) Human Factor

항공기 운항과 관련한 종사자들에게 인간 본연의 모습을 이해하고 사람들이 주어진 상황에서 어떻게 반응할 것인가를 예측하여 직무를 위한 인간의 성능을 개발하고 향상시키기 위해 물리적, 생리적, 심리적인 측면에 초점을 둔 요소이다.

2) Threat

항공기의 운항을 복잡하게 하고 평소 운항안전을 위협하는 요인으로 승무원들이 과오를 발생하게 할 요인이다. 대표적인 예로서 나쁜 기상, 항공기 계통 결함, 유사 편명, Heavy Traffic, 활주로 변경, 복잡한 진입, 자동화, 주의산만, 피로, 야간 운항, 시간촉박, 각종 인적 요인 등이 있다.

3) Error

조직이나 승무원이 그들이 가지고 있는 원래의 의도나 예상에서 벗어난 행동이나 이를 방치하는 것으로, Error를 발생할 수 있게 만드는 요소는 업무량의 증가나 압박, 피로, 절차상의 규정 위반, 승무원 간의 협조 부족, 업무의 훼방 등이 있다.

4) TEM

TEM이란 실수를 회피하기 위해 승무원의 자원을 관리하는 데 활용하는 것으로 승무원이 적절히 조치하고 승무원의 실수로 일어날 수 있는 일들의 가능성을 최소한으로 억제하는 것이다. Threat 자체는 승무원의 실수 발생 확률을 높일 수 있지만, Threat을 효과적으로 조치함으로써 실수가 발생하지 않는 환경을 만들 수 있다.

⊞ 2000년 7월 25일 발생한 콩코드 여객기 사고

이 사건은 타이어 폭발이 원인이 된 불행한 사고라고 널리 보도가 되었지만 추후 조사에서는 단순히 타이어 폭발만이 그러한 끔찍한 비극의 원인이 아니었던 것이라고 밝혀졌다. 공중에서는 물론 지상에서의 연속적인 실수들이 피할 수 있었던 사고를 결국재앙으로 만들었던 것이었다. 사고를 조사했던 전문가들은 타이어가 폭발해서 연료탱크에 화재가 발생한 것이 사고의 유일한 원인이라고 볼 수 없으며, 이는 운영상에 있어 오류와 치명적인 결함, 그리고 에어프랑스 소속 정비팀의 엄청난 과실로 인해 발생한 것으로 나타났다.

해당 항공기에는 나중에 탑승한 관광객들의 추가 수하물로 인해 적정 중량을 6톤이나 초과한 상태였고 활주로의 이륙 포지션으로 1.2톤의 연료를 소비하지 못하고 항공기에 가지고 있게 되었다. 더군다나 나중에 실린 짐들은 대부분 항공기의 뒷부분에 탑재되어 항공기의 화물에 대한 적절한 배분이 이루어지지 않은 채 뒷부분으로 무게 중심이 옮겨지게 되었다. 항공기가 이륙을 위한 지상 이동 중에 바람의 방향이 바뀌어 뒷바람을 8노트나 받게 되었다. 정풍을 받으며 이륙을 해야 하는 기본적인 규칙도 무시가 된 것이다. 뒷바람에 의해 이륙을 위한 활주거리가 더 필요한 상황이었다. 또한 활주로에 남겨진 타이어 자국으로 항공기가 옆으로 미끄러졌음을 알게 되었는데 조사결과 정비요원의 실수로 바퀴의 평형을 맞춰주는 'Spacer'가 정비 도중 교체가 이루어지지 않아 바퀴가 평행을 이루지 못했던 것이다. 이러한 상황 속에 지상 이동을 하였으며 정상회담을 마치고 온 대통령과 영부인이 탑승한 747비행기가 콩코드기가 지나간 후 활주로를 건너가기 위해 대기하고 있었기에 기장은 선택의 여지가 없이 최고 속도에 11노트가 모자라는 속도임에도 불구하고 이륙을 시도하다가 사고를 내게 되었다.

01 CRM에 대해 설명하시오.

02 TEM은 무엇인지 설명하시오.

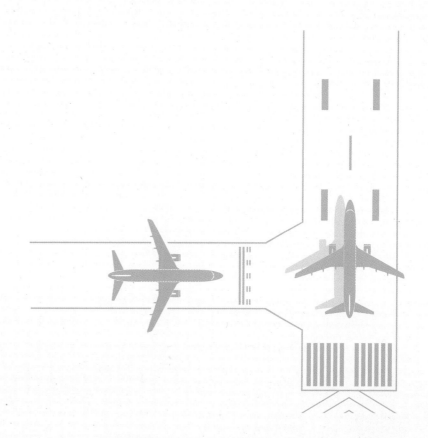

Chapter 11

Hygiene, Medicine and First Aid

항공기가 순항할 때의 비행고도는 35,000~40,000ft로 대기압이 0.25기압 정도가 되어 산소가 희박하고 기온이 낮아 사람이 생존하기 힘든 환경이다. 따라서 항공기의 객실은 여압장치를 이용해 객실 내부를 기계적으로 가압하여 사람이 느끼지 못하는 적정기압인 0.8기압 정도로 가압하여 유지하고 있다. 이때 객실은 5,000ft 정도의 고도로 느껴져 정상인들은 큰 불편이 없이 생활할 수 있으나 지상에 대비해 상대적으로 낮은 기압과 이로 인한 저산소 농도, 저습도 등은 지상과의 생활에 있어 다른 점이라고 할 수 있다. 그 외 난기류로 인한 요동이나 다른 급작스러운 돌발상황에 대비해 조치가 쉽지 않은 기내라는 환경에서 발생되는 여러 가지 신체의 영향에 대해 승무원들은 숙지를 하고 대처할 수 있어야 한다. 그렇기에 각 항공사에서는 객실승무원들에게 기내에서 발생할 수 있는 응급 상황에 대비하여 조치할 수 있도록 교육하고 있다.

1. 기내 환경에 따른 지상과 다른 점과 신체에 미치는 영향

1) 저산소증 (Hypoxia)

신체조직에 산소가 결핍이 되는 상태로 산소 부족이나 신체의 정도에 따라 다르며 자신도 모르게 서서히 진행이 된다. 산소의 부족에서 오는 불안, 현기증, 두통, 메스꺼움, 피로감, 청색증, 정신혼란, 의식이 상실되는 등의 증상을 보이며, 심한 경우 뇌손상이 발생된다. 치료방법으로는 기내에 비치된 산소를 제공하고 환자를 안심시킨다.

2) 감압증 (Decompression sickness)

인체 내부의 압력이 갑자기 줄어들 때 신체 내외에 가해지는 압력의 균형이 깨어짐으로써 신체에 발생되는 각종 증상으로 관절과 팔, 다리, 피부 등에 통증이 느껴지거나 호흡장애, 신경계통에 이상이 생길 수 있다. 감압증은 대부분 저고도로 하강하거나 지상에 착륙하면 회복이 된다.

3) 과호흡증 (Hyperventilation)

크게 신체적 원인과 정신적인 원인이 있다. 신체적 원인으로는 먼저 실제로 폐나 심장이 조직에 산소를 공급하고 이산화탄소를 배출하도록 하는 기능이 저하된 경우, 즉 폐 자체의 질환(폐렴, 폐색전증, 폐혈관질환, 천식, 기흉 등), 심장질환(심부전, 폐순환과 체순환이 섞이는 심장질환 등)이 있다. 또한 폐나 심장은 정상이더라도 체내의 산-염기 균형을 맞추기 위해 체내에 산이 과도하게 축적된 상태인 대사성 산증(당뇨병의 급성 합병증이나 신장질환 등에 의해 나타날 수 있음)에 의해 일어날 수 있고, 갑상성 기능 항진증(호흡 욕구의 증가가 동반되는 것이 기전임)에 의해서도 일어날 수 있다.

건강한 사람에서도 통증(호흡의 욕구를 증가시킴)이나 신경계통의 신체적 이상 혹은 정신적 불안, 정신질환에 의해서도 나타날 수 있다. 현기증이나 손발의 저림, 안면 창백 등이 발생되며 얼굴에 식은땀이 나타나는 경우도 있다. 시야가 흐려져 의식을 상실할 수도 있다. 이러한 경우 환자의 긴장을 제거해 주고 호흡은 깊고 느리게 할 수 있도록 유도한다. 주머니 호흡도 좋다.

4) Trapped Gas

우리 몸에는 체강이라고 불리는 여러 개의 빈 공간이 있으며 이곳에는 공기가 차 있는데 장이나 폐, 귀속의 중이강, 코 안에 있는 부비강 등이 있다. 이런 공간에 있는 공기는 비행 중 압력이 낮아지면 해당 공간의 공기의 부피가 증가된다. 이때 늘어난 공기가 배출이 잘되는 경우 문제가 되지 않으나 배출이 되지 않게 되면 내부의 압력이 올라가 통증을 유발하게 된다. 이러한 경우 항공성 중이염(Ear Distress)이나 부비강통(Sinusitis), 치통(Toothache)이 발생된다.

2. 응급처치

1) 응급처치

　항공기 내에서 객실승무원이 해야 할 응급처치란 어떤 질병이나 치료를 필요로 하는 환자가 발생했을 경우 의료진이 도착하여 전문적인 도움을 주기 전에 즉각적으로 취해야 할 도움이나 처치를 하는 것으로 환자의 생명을 보존하고 현상을 유지하며 부작용을 억제함과 회복을 도와주는 것이 목표이다. 즉, 승무원의 임무는 환자의 상태를 진단하거나 처방하는 것이 아닌 의료인에게 환자를 인도할 때까지 환자의 상태가 유지되도록 필수적인 응급처치를 실시하는 것이다.

2) 승무원 응급처치 시 해야 할 일

　최초 환자 발생 시 승무원은 환자의 상태를 파악한 후 필요한 순서에 따라 응급처치를 실시하며 동시에 다른 승무원에게 도움을 요청한다. 기장 및 다른 승무원에게 환자발생을 알리며 필요한 응급처치도구를 준비한다. 가능한 한 환자를 옮기지 않는 것이 좋으며 환자가 편안한 자세를 취하도록 한다. 이때 환자 주변에 모여든 승객들은 분산시키고 의식이 있는 환자의 경우 병력을 확인하고 그렇지 않은 경우 보호자가 있다면 보호자로부터 확인한다. 환자의 상태를 지속적으로 관찰함과 동시에 현 상황을 기록한다.

3) 응급처치 시 감염예방

　승무원의 환자 응급처치 시 환자와 주변승객, 그리고 승무원의 감염을 예방해야 하는데 이러한 행위로 환자의 혈액, 상처, 짓무른 부위가 입이나 피부에 닿지 않도록 하며 응급처치 시 환자의 체액과 직접적인 접촉이 되지 않도록 한다. 구조호흡 시에는 환자와 구조자와의 상호 감염을 방지하기 위해 포켓마스크를 사용하며 응급처치 후 손을 씻도록 한다.

4) 비행 중 발생할 수 있는 상해 및 질병에 대한 판단과 처치법

① 의식불명 (Unconsciousness)

　간질, 중풍, 졸도, 마약 또는 알코올중독 등에 의해 발생될 수 있다. 환자의 의식이 없는 경우 기도를 개방하고 환자가 호흡을 하지 않을 경우 구조호흡을 실시한다. 환자의 체온을 유지해 주고 옷과 허리띠 등을 느슨하게 해준다.

② 과호흡 (Hyperventilation)

공포나 긴장하였을 경우 필요 이상으로 호흡하는 것을 말한다. 일반적으로 안색이 창백하고 식은땀이 흐르며 감각이 무뎌지며 시야가 흐려진다. 앉은 자세에서는 자세가 뒤로 제쳐지면서 고개가 뒤로 넘어갈 수도 있다.

응급처치 방법으로는 환자를 안심시키는 것이 중요하며 긴장을 풀어준다. 구토봉지 등 막힌 봉지류를 입에 대고 호흡하게 하는 주머니 호흡을 시작하여 호흡을 정상적으로 유도한다. 주의할 점은 저산소증과 혼동하여 산소를 공급하지 않도록 한다.

③ 심장마비 (Heart Attack)

쥐어짜는 가슴통증을 느끼며 구토와 호흡곤란을 동반한다. 환자에게 의식이 있을 경우 안정시킴과 동시에 환자의 소지약품 여부를 확인한다. 의료인을 찾고 의식 호흡이 없을 경우 CPR을 실시하고 AED를 사용한다.

④ 쇼크 (Shock)

급성질환이나 상해로 인한 출혈로 우리 몸의 혈액공급이 충분히 이루어지지 않아 신체의 모든 기능이 저하된 상태로 환자를 바닥에 눕히고 기도를 확보한 후 다리는 심장보다 높게 유지시켜 준다.

쇼크 방지 자세

쇼크가 온 환자를 처치하는 자세는 다음과 같다.
환자의 하체를 높게 해준다. 이는 중력으로 하체에 몰리는 혈류를 감소시키고 심장으로 혈액이 원활하게 유입되게 해준다. 머리에 상처를 입은 경우에는 머리를 살짝 높게 하여 뇌의 압력을 낮추고 동시에 발도 높게 한다. 호흡곤란을 느끼는 환자의 경우에는 머리와 어깨를 높게 하여 상체만 기댄 채로 누워 있는 자세를 취하도록 한다. 환자가 의식이 없을 경우 환자를 회복자세를 취하게 한다.

⑤ 심부정맥 혈전증 (DVT : Deep Venous Thrombosis, 일반석 증후군)

비좁은 비행기 좌석에서 움직이지 않고 오랫동안 앉아있을 경우 다리 정맥에 혈전이 생기는데 이 혈전이 정맥을 따라 폐로 들어가 혈구의 흐름을 방해하여 통증 호흡 곤란 등을 일으킨다. 따라서 장시간 항공여행을 할 경우 옷은 느슨하게 착용하는 것이 좋고 적당량의 물을 자주 마시며 스트레칭이나 자주 걷는 것이 좋다.

⑥ 비행멀미 (Airsickness)

처음 비행기를 타는 승객이나 난기류 등에 의해 발생되는 경우가 있으며 얼굴이 창백해지며 발한과 함께 구토를 하거나 구토 증세를 보인다. 처치로는 의복을 느슨하게 하고 좌석을 뒤로 젖혀 편안한 자세를 유지하도록 한다. 필요 시 기내 의약품이나 위생봉투를 제공한다.

⑦ 이통 (Ear Distress)

비행 중 기압차에 의해 귀에 통증이 발생하는데 통증이 발생하면 침을 삼키기나 하품하기, 물마시기 등으로 통증을 조절하거나 Valsalva Maneuver를 하도록 유도한다. 유아의 경우 우유병이나 젖을 빨도록 하고 우는 것이 도움이 될 수 있으며 아이들의 경우 캐러멜 등을 제공하여 자연스럽게 하악을 움직일 수 있게 하면 통증 완화에 도움이 될 수 있다. 이통은 주로 항공기가 착륙을 위해 하강할 때 많이 발생하는데, 이러한 경우 착륙하고 나면 이통이 사라지는 경우가 있다.

⑧ 화상

항공기 내에는 기내식이나 커피, 차 등 뜨거운 물이나 오븐이 있어 화상을 입기 쉽다. 화상은 정도에 따라 처치법을 수행한다.

- 1도 화상 : 피부가 붉게 부풀어 오르며 통증이 있다. 최소 20분 이상 찬물에 담그거나 냉찜질을 하여 화기를 빼준 후 드레싱을 한다. 단, 개방된 상처의 경우는 찬물에 담그지 않는다.
- 2도 화상 : 피부가 붉어지며 물집이 발생한다. 1도 화상의 응급처치를 1~2시간 동안 실시한 후 깨끗하게 드레싱한다. 이때 물집은 터트리지 않도록 주의한다.
- 3도 화상 : 심한 피부손상으로 피부조직이 노출되어 보인다. 두껍고 멸균된 거즈로 드레싱을 하고 외부 공기에 노출되지 않도록 한다.

3. 기내 사망(추정자)자의 처리

기내 사망으로 보이는 환자의 경우 의사가 사망을 선언하기 전까지는 해당자를 사망하기 전까지 심폐소생술을 실시하며 승무원이 사망선언을 하지 않는다. 이때 사망추정자의 동반승객들에 대해 적절한 관심과 조치를 하고 일반승객들은 인지하지 못하게 한다. 사망 추정자는 좌석벨트로 좌석에 고정하도록 하며, 필요 시 담요 등으로 덮어둔다.

4. 심폐소생술 (CPR : Cardio Pulmonary Resuscitation)

심폐소생술이란 호흡이 멈춤 상태에서 심장이 정지한 경우 구조호흡과 심장마사지를 시행해 환자의 생존가능성을 높여주는 응급처치이며, 의식이 없고 호흡이 없는 상태에서 맥박의 체크를 통해 심장의 정지가 확인이 되면 흉부압박을 시행하는 것이다.

시행방법은 환자의 의식을 확인한 후 심폐소생술이 필요하면 환자의 자세를 교정한 후 가슴의 중앙인 흉골의 아래쪽 절반 위치에 손바닥을 올려놓고 그 위에 다른 손바닥을 평행하게 겹쳐 깍지를 끼고 두 손으로 압박하는 흉부압박을 실시한다. 이때에는 분당 100~120회 정도의 속도로 5~6cm 깊이로 압박한다. 구조호흡도 실시하는데 구조호흡 2회 실시 후 흉부압박 30회를 1세트로 반복한다. AED를 병행하여 사용한다.

구분		영아(1세 미만)	소아(1~8세)	성인(9세 이상)
흉부 압박	깊이	4cm (가슴높이의 1/3)	4~5cm (가슴높이의 1/3)	약 5cm
	방법	셋째, 넷째 손가락	한 손(혹은 두 손)	두 손
흉부압박 : 구조호흡		1인 CPR 30 : 2 2인 CPR 15 : 2		30 : 2 (1인 혹은 2인)

5. 기내 오염유발물질 처리(Biohazard Waste Disposal)

환자 발생으로 처치 후 발생된 오염물질이나 다른 사유로 발생된 오염가능물질이 발견될 경우 기내 탑재되고 있는 UPK(Universal Precaution Kit)를 사용하여 이를 처리한다. 승무원은 Kit 내 일회용 가운을 입고 장갑과 안면 및 눈 보호대를 착용한 다음 오염된 액체류에 액체 응고제를 오염부위 전체에 골고루 뿌린 후 오염원이 반고체 상태가 되면 이를 처리도구를 사용하여 위생봉투에 담는다. 이후 남겨진 잔여물은 살균제와 흡착포를 사용하여 제거한다. 이때 사용된 흡착포와 처리도구는 위생봉투에 담고 내용물이 유출되지 않도록 밀봉 처리한다. 오염물에 대한 처리가 끝나면 착용한 보호의를 착용 시의 역순으로 탈의하고 멸균티슈를 사용하여 선 전체를 세척한 뒤 사용된 보호의와 오염물질들을 다른 위생봉투에 담아 밀봉 처리를 한 후 이들을 Lavatory 내 쓰레기통에 버린다. 이때 발생된 오염된 물질들이 Galley나 Galley 내 쓰레기통에 버려지지 않도록 유의한다.

01 승무원 응급처치 시 해야 할 일에 대해 서술하시오.

02 기내 사망자의 처리방법에 대해 설명하시오.

....

....

....

....

....

03 기내 오염물질이 발생했을 경우 처리방법에 대해 논하시오.

....

....

....

....

....

....

....

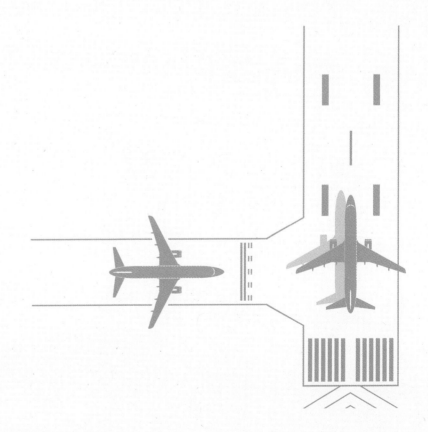

PART 04
항공 일반

Chapter 12

항공일반

1. 그리니치 표준시 / 협정 세계시(GMT/UTC)

항공기 운항 중 교신을 할 때에는 서로가 동의하는 기준이 필요하다. 특히 시간을 이야기할 때 있어서 표준이 필요한데 이때 어느 지역에서도 표준으로 삼아 기준을 부여할 수 있는 시간을 정하였는데, 이를 UTC(Universal Time Coordinated)라고 하여 세슘 원자의 진동을 기준으로 시간을 측정하여 오차를 최소로 한 시간을 사용한다. 이때 기준이 되는 시간대를 지구의 자전 속도를 기준으로 하였으며, 기준은 영국의 그리니치 지역으로 정하였다.

그리니치의 천문대는 찰스 2세가 1675년 천문 항해술 연구를 목적으로 런던 그리니치에 설립한 것으로 1884년 워싱턴 회의에서 이 천문대를 지나는 자오선을 본초 자오선으로 지정하여 경도의 원점으로 삼아 세계 시간의 기준으로 지정하였다. 그리고 1925년 국제천문연합에서 국제 상용시로 일치시켰으며 이를 세계시로 하였다.

1967년 파리에서 열린 제13차 세계 도량형 총회에서는 세슘 원자 시계를 국제 표준 시계로 채택하였는데 이는 세슘 원자의 주기적인 원자 진동을 이용한 것으로 진동수가 매초 9,192,631,770회로 그 오차가 3000년의 1초로 매우 정확하다.

그러나 지구가 자전하는 가운데 발생하는 불규칙성에서 오차가 발생한다. 이를 해결하기 위해 1972년 윤초를 적용하였으며 세계시와 원자시와의 오차를 0.9초 내로 유지하기 위해 6월 30일이나 12월 31일 최종초를 조정하여 윤초를 하게 된다. 윤초에 대한 적용은 프랑스 파리에 있는 국제도량형국(BIPM)에서 정하여 세계 각 나라의 시간 주파수 표준 연구실로 알려준다.

🗞 세계 시간대

0:00	GMT/LON(런던)	GMT+0
1:00	PAR(파리)	GMT+1
2:00	CAI/JRS(카이로/예루살렘)	GMT+2
3:00	JED(제다)	GMT+3
3:30	THR(테헤란)	GMT+3.5
4:00	DXB(두바이)	GMT+4
4:30	KBL(카불)	GMT+4.5
5:00	KHI(카라치)	GMT+5
5:30	DEL(델리)	GMT+5.5
6:00	DAC(다카)	GMT+6
6:30	RGN(양곤)	GMT+6.5
7:00	BKK(방콕)	GMT+7
8:00	HKG(홍콩)	GMT+8
8:30	FNJ(평양)	GMT+8.5
9:00	SEL(서울)	GMT+9
9:30	ADL(다윈)	GMT+9.5
10:00	SYD(시드니)	GMT+10
11:00	NOU(누메아)	GMT+11
12:00	WLG(웰링턴)	GMT+12
UTC-11, UTC-1 날짜변경선 늦은시간		

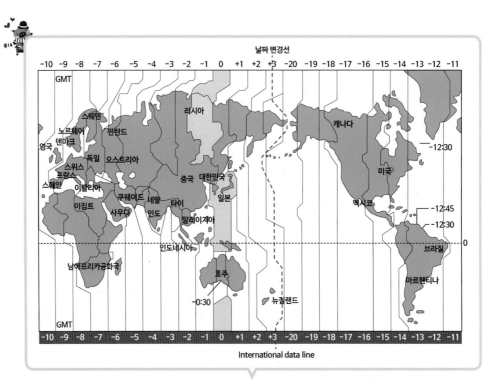

🌐 각 도시 간 시차표

2. 단위 변환

1) KNOT

선박의 속력을 나타내는 단위로 1노트란, 선박이 1시간에 1해리 혹은 마일(nautical mile), 즉 1,852m를 진행하는 속력이다. 선박의 속력을 km/h 단위가 아닌 노트 단위로 나타내는 것은 지구 위도 45°에서의 1'에 해당하는 해면상의 거리가 1해리이므로 해도 사용이 편리하기 때문이다. 16세기경부터 항해용 단위로 쓰였으며 이 명칭은 당시 배의 후미에 삼각형의 조각을 끈에 매달아 흘려보내면서 그 끈에 28ft(약 8.5m)마다 매듭(knot)을 매고 28초 동안 풀려나간 끈의 매듭을 세어 배의 속력을 측정했던 것에서 유래한다.

2) Feet

야드 파운드 단위계에서 길이 단위의 하나로 기호는 ft로 한다.

1ft는 1/3yd, 12in, 0.480cm이다. 고대에서는 어느 민족이든 인체의 어느 부분의 길이를 갖고 단위로 했었다. 피트(푸트)는 이와 같은 기원의 것으로, 말할 것도 없이 발길이에서 유래한다.

3) °F (Fahrenheit's temperature scale)

1기압하에서 물의 어는점을 32°F, 끓는점을 212°F로 정하고 두 점 사이를 180등분한 눈금이다. 단위는 °F를 사용한다. 1724년 독일의 물리학자 G.파렌하이트가 최초로 사용하기 시작한 온도 눈금으로, 이때부터 온도 계측이 가능하게 되었다. 파렌하이트는 먼저 세 개의 온도 고정점을 정하였다.

첫 번째 지점은 0°F로 얼음과 물과 염화나트륨의 혼합용액이 자연스럽게 안정되어 평형이 되는 지점이며, 두 번째 지점은 32°F로 염화나트륨 없이 물과 얼음의 혼합용액의 평형상태를 이루는 지점이다. 세 번째 지점은 96°F로 입과 겨드랑이를 통해 측정된 체온이다. 이렇게 세 지점을 정한 후, 세 지점이 정수가 되도록 구간을 등분하였다. 그러나 파렌하이트가 측정한 온도들이 정확하지 않았기 때문에 섭씨온도와 화씨온도의 변환식을 통해 나중에 교정되었다.

$$* \, ℃ \rightarrow ℉$$
$$℃ = (℉ - 32) \times 0.55$$

$$* \, ℉ \rightarrow ℃$$
$$℉ = (1.8 \times ℃) + 32$$

3. Phonetic Alphabet

항공기의 관제나 다른 통신에 있어 라디오를 통한 무선으로 교신을 하는데 이때 외부의 소음이나 무선통신 시 발생하는 잡음으로 인해 소리의 구분이 힘들 수 있다. 그렇기에 명확한 신호의 전달을 위해 알파벳의 경우 일정한 규칙을 통해 전달하게 되는데 다음과 같다.

Letter	Phonetic Alphabet	Letter	Phonetic Alphabet
A	ALPHA	N	NOVEMBER
B	BRAVO	O	OSCAR
C	CHARLIE	P	PAPA
D	DELTA	Q	QUEBEC
E	ECHO	R	ROMEO
F	FOXTROT	S	SMILE
G	GOLF	T	TANGO
H	HOTEL	U	UNIFORM
I	INDIA	V	VICTORY
J	JULIET	W	WHISKEY
K	KILO	X	X-RAY
L	LIMA	Y	YANKEE
M	MIKE	Z	ZULU

4. 공항 코드

전 세계의 모든 공항은 IATA로부터 규정된 세자리 코드(Three letter code)를 부여 받는다. 이러한 IATA 공항 코드는 세계의 공항을 식별하기 위해 부여받으며 중복되지 않는다. 부여받는 코드는 IATA 규정 763에 의해 통제되며, 전 세계 항공 예약 네트워크 내에서 공용으로 사용이 된다. 폐기된 코드들은 일정시간이 지나면 재사용되기도 한다.

1) 국내 공항 코드

공항명	Code	공항명	Code
서울 인천	ICN	청주	CJJ
서울 김포	GMP	양양	YNY
부산 김해	PUS	여수	RSU
제주	CJU	군산	KUV
광주	KWJ	울산	USN
무안	MXW	사천	HIN
대구	TAE	원주	WJU
포항	KPO		

(2017년 현재 한국 공항공사 관할)

2) 국제 공항 코드

① 동북아시아

- NRT - 도쿄 나리타 국제공항
- HND - 하네다 도쿄 국제공항
- KIX - 오사카 칸사이 국제공항
- PEK - 베이징 셔우뚜 국제공항
- PVG - 상하이 푸동 국제공항
- SHA - 상하이 홍차오 국제공항
- HKG - 홍콩 국제공항
- TPE - 타이베이 타이완 타오위안 국제공항
- ULN - 몽골 울란바토르 칭기즈칸 국제공항

② 동남아시아와 남아시아

- BKK - 방콕 수완나폼 국제공항
- MNL - 마닐라 니노이 아키노 국제공항
- SIN - 싱가포르 창이 국제공항

- CGK - 자카르타 수카르노 하타 국제공항
- GUM - 괌 국제공항
- SPN - 사이판 국제공항
- HKT - 푸껫 국제공항
- PNH - 프놈펜 국제공항
- REP - 씨엠립 국제공항
- HAN - 베트남 하노이 국제공항
- SGN - 호치민 탄손넛 국제공항
- VTE - 라오스 비엔티안 왓따이 국제공항
- DEL - 인도 델리 인디라 간디 국제공항
- CMB - 콜롬보 반다라나이케 국제공항
- KUL - 쿠알라룸푸르 국제공항

③ 미국과 캐나다

- SEA - 시애틀 타코마 국제공항
- SFO - 샌프란시스코 국제공항
- LAX - 로스앤젤레스 국제공항
- LAS - 라스베이거스 맥카렌 국제공항
- ORD - 시카고 오해어 국제공항
- MDW - 시카고 미드웨이 국제공항
- JFK - 뉴욕 존 F 케네디 국제공항
- LGA - 뉴욕 라구아디아 공항
- DTT - 디트로이트 국제공항
- ATL - 하츠필드-잭슨 애틀란타 국제공항
- MIA - 마이애미 국제공항
- YVR - 밴쿠버 국제공항
- YYZ - 토론토 피어슨 국제공항
- YUL - 몬트리올-피어 엘리엇 트뤼더 국제공항

④ 서남아시아

- AUH - 아부다비 국제공항
- DXB - 두바이 국제공항
- DOH - 도하 국제공항
- IST - 이스탄불 아타튀르크 국제공항

⑤ 유럽

- LHR - 런던 히스로 국제공항
- LGW - 런던 가트윅 공항
- CDG - 파리 샤를 드 골 국제공항
- ORY - 파리 오를리 국제공항
- FRA - 프랑크푸르트 국제공항
- MAD - 마드리드 국제공항
- FCO - 로마 레오나르도 다 빈치 국제공항
- DME - 모스크바 도모데도보 국제공항
- SVO - 모스크바 셰레메티예 공항
- TAS - 타슈켄트 국제공항
- HEL - 헬싱키 국제공항
- AMS - 암스테르담 스키폴 국제공항

⑥ 오스트레일리아와 뉴질랜드

- MEL - 멜버른 공항
- BNE - 브리즈번 공항
- SYD - 시드니 공항
- AKL - 오클랜드 공항
- PER - 퍼스 공항
- ADL - 아들레이드 공항

5. 항공 용어

1) 항공 약어 (SITA에서 제정)

ABP	able bodied passenger	A/C	aircraft
AFT	rear area of aircraft	APO	airport
ATA	actual time of arrival	ATD	actual time of departure
APU	auxiliary power unit	BBML	baby meal
BSCT	baby bassinet	CFG	configuration
CNL	cancel	CRM	crew resource management
D/H	dead heading	DMG	damage
DOM	domestic	DIV	divert
ELT	emergency locator transmitter	ETA	estimated time of arrival
ETD	estimated time of departure	F/A	flight attendant
FLT	flight	F/O	first officer
FOC	free of charge	FWD	forward area of aircraft
GOSH	go show	GRP	group
HLD	hold	HVY	heavy
INF	infant	INFO	information
L/B	left behind	L/F	load factor
M/A	meet and assist	MED	medical
MEL	minimum equipment list	MGR	manager
MSG	message	NOSH	no show
OBD	on board	OFC	office
PA	public address	PAX	passenger
PIC	pilot–in–command	PNR	passenger named record
STN	station	SPCL	special
SKD	schedule	STVR	stop over
TWOV	transit without VISA	UM	unaccompanied minor
U/G	upgrade	W/B	weight and balance

2) 항공 용어

- Air Operator : 항공사를 뜻한다. 공인된 기관으로부터 승객이나 화물을 운송하기 위한 자격을 취득해야 한다.
- Air Show : 비행 중 승객에게 각종 비행정보를 알려주는 시스템. 비행속도, 고도, 도착지까지의 남은 거리, 현재 위치, 남은 비행시간, 외부 온도 등을 알려준다.
- Air Ventilation : 여압장치에 의해 캐빈에 공기를 공급해주는 장치
- APU : 항공기 후방에 장착된 보조동력장치로 소형엔진을 사용하며 지상에서 필요한 동력을 제공한다.
- Apron : 항공기의 계류장, 주기장
- Armrest : 좌석의 팔걸이
- Assist Handle : 비상구 옆에 있는 손잡이로 Door를 열거나 닫을 때 승무원의 안전을 위해 지지할 수 있게 만든 손잡이
- Boarding Pass : 항공편명과 출발시간 및 좌석번호가 있는 탑승권
- BGM : Boarding Music이라고 하며 승객 탑승 시나 하기 시 제공되는 기내 음악
- BLOCK Time : 항공기가 지상 이동dmf 시작한 시점부터 이륙하여 착륙한 뒤 주기장에 정지할 때까지의 시간
- Bridge : 항공기와 공항청사 간 연결해주는 통로
- Bulk Head : 승객의 좌석 앞부분이 벽면으로 되어 있는 좌석
- Cabin : 항공기 내 승객이 있는 공간
- Cart : 바퀴가 달린 운반장비로 항공기 내에서는 기내식이나 음료를 탑재하는 장비를 말한다.
- CCM : Cabin Crew Manual, 승무원과 관련된 규정을 적어놓은 책으로 객실승무원 업무교범이라고도 한다. 비행 업무 시 승무원 필수 휴대품 중 하나이다.
- Ceiling : 객실 천장
- Charter Flight : 비정기 운항하는 비행편
- C.I.Q. : Customs(세관), Immigration(출입국), Quarantine(검역)의 첫 문자로 공항 내에서 승객들이 필수로 지나가야 하는 정부기관을 말한다.
- Circuit Breaker : 항공기 갤리 내 전원을 차단하는 버튼
- Code Share : 항공사 간 특정 좌석을 일정부분 공동으로 사용하는 방법으로 항

공사의 영업 전략에 따라 자사의 항공기를 투입하지 않거나 여러 시간대를 운영하기 위해 제휴하는 것

- Configuration : 항공기 객실 내부를 알려주는 공간 배치도
- Control tower : 관제탑
- CPR : 심폐소생술
- Cruised Speed : 최적의 연료 효율로 운항하는 순항속도
- CVR : Cockpit Voice Record로 블랙박스의 한 부분. 조종실의 음성이 녹음되어 있다.
- DEAF : 청각 장애 승객
- Decompression : 기내 여압이 상실되어 산소가 감소되는 현상
- De-Icing : 제빙작업. 눈이 올 때 항공기 날개 및 표면의 눈을 제거하는 작업
- Demo : 비상시 탈출방법이나 이용방법에 대해 승객에게 동영상이나 승무원이 시연으로 설명하는 것
- DEPO : Deportee 강제추방자
- DIM : 객실 조명을 어두운 상태로 조절하는 것
- DISPATCHER : 운항관리사. 운항에 관련된 비행계획을 수립하고 기장에게 브리핑함
- Ditching : 착수. 항공기가 육지가 아닌 바다나 강에 내리는 것
- DIVT : Divert 회항. 목적지 공항에 착륙하지 못해 다른 공항으로 운항 계획을 바꾸는 것
- DLY : Delay 지연
- Drain : 갤리 내 물을 버리는 배수구
- Drawer : 음료수나 기내 서비스 아이템을 담는 서랍 형태의 용기
- DRY ITEM : 기내 상온에서 보관이 가능한 서비스 용품
- E/D Card : Embarkation/Disembarkation Card 출/입국 신고서
- Endorsement : 항공사 간 항공권에 대한 권리를 이양하는 것
- En-Route : 항로
- FDR : Flight Data Record 블랙박스의 한 부분으로 비행 정보를 기록하는 장치
- Ferry Flight : 공수비행이라고 한다. 승객이나 화물을 탑재하지 않고 실시하는 비행으로 항공기 도입이나 정비를 위한 운항들이 이에 속하며, 가끔씩 전세기

나 긴급 편성비행의 경우 왕복 중 한쪽만 운영하는 경우가 해당된다.

- GALLEY : GLY라고 약어표기를 하며 항공기 내 위치한 주방
- G/D : General Declaration의 약자로 항공기가 입출항 허가를 받기 위해 관계기관에 제출하는 서류이다. 항공편의 일반적인 사항과 승무원 명단 및 검역 등 여러 가지 정보가 기재되어 있다.
- Give Away : 기내에서 제공하는 기념품
- Hangar : 항공기를 점검하거나 정비하기 위한 격납고
- Handset : 승무원 간 통화나 안내방송을 하기 위한 기내 장비
- INF : 2세 미만으로 좌석을 점유하지 않아도 되는 연령의 유아
- IRR : 비정상적인 상황
- I/U : Involuntary Upgrade 손님 자신의 의사와는 관계없이 회사의 사정에 의해 구입한 항공권의 서비스 등급보다 상위등급의 서비스를 제공받는 경우
- Jump Seat : 항공기 내 승무원이 착석하는 좌석
- Latch : 갤리 내 Cart나 Container 등을 잠그는 장치
- Lavatory : 항공기 내 화장실
- Lay Over : 승무원이 모기지가 아닌 다른 스테이션에서 다음 비행을 위해 하루 이상 휴식을 취하는 것
- MAINT : 정비
- MCT : Minimum Connecting Time 연결편 탑승 전까지 필요한 최소 시간
- Minimum Staffing : 법적으로 필요한 최소 탑승 승무원
- Mock-Up : 실물모양의 비행기 모형 시설
- OAG : Official Airline Guide 전 세계 항공사의 비행 일정 및 기타 정보를 수록한 책자
- Oven : 기내 탑재된 음식물을 데우는 장비
- Overhead Bin : 머리 위 수하물을 넣을 수 있는 덮개가 있는 선반
- PA : Public Address 기내에서 방송을 할 때 사용하는 장비
- PAX : 승객
- Pillow : 베개
- Placard : 안내를 위한 스티커 형태의 부착물
- Pouch : 항공기 입출항 서류 등이나 여러 가지를 담는 가방

- Purser Report : 사무장이 비행 전반에 대해 보고를 위하여 작성하는 문서
- Push Back : 항공기의 운항을 위해 견인차량에 의해 이동하는 것
- RUNWAY : 활주로, 항공기가 이·착륙 시 사용하는 공항 내 노면
- Seat Back : 좌석 등받이
- Seat Pocket : 좌석 앞 주머니
- Show up : 승무원이 비행을 위해 출근하는 것
- SHR : Special Handling Request 탑승객의 각종 정보를 수록한 문서
- Slide : 비상탈출 시 사용하는 미끄럼틀
- Slide Bustle : Door에 장착된 Slide나 Slide Raft를 보관하고 있는 케이스
- Slide Raft : 비상탈출 시 탈출 미끄럼대로도 사용할 수 있고, 착수 시 보트로 사용할 수 있는 장비
- Sterile Cockpit : 비행중요단계에서 안전을 제외한 운항승무원의 업무 방해를 금지하는 규정
- Stowage : 캐빈이나 갤리 내 물건을 보관하는 장소
- Stretcher : 환자 이송 시 사용하는 침대로 좌석을 일부 조정하여 그 위에 설치한다.
- T/S : Transit 목적지로 가기 위해 경유지 공항에서 다른 항공기로 갈아타는 것
- Taxi Way : 활주로와 주기장 사이의 지역에서 항공기가 이동하는 도로
- Tray Table : 승객의 좌석에 있는 식사대
- TWOV : 출발지에서 목적지로 가기 위해 중간 경유지 국가를 비자 없이 통과하는 것
- UM : 보호자 없이 여행하는 어린이 승객으로 국제선은 만 5세에서 만 12세 미만, 국내선은 만 5세에서 13세 미만의 어린이로 규정되어 있다.
- Warmer : 서비스 기물을 일정 온도 이상 유지시켜 주는 갤리 내 장치
- Water Boiler : 기내에 뜨거운 물을 공급하는 장치

01 Phonetic Alphabet에 대해 쓰시오.

- A – ( )

- F – ( )

- Q – ( )

- Y – ( )

- Z – ( )

02 공항코드를 쓰시오.

- 서울인천 국제공항 – (   )

- 제주 국제공항 – (   )

- 도쿄 나리타 국제공항 – (   )

- 상하이 홍차오 국제공항 – (   )

- 마닐라 니노이 아키노 국제공항 – (   )

- 싱가포르 창이 국제공항 – (   )

- 호치민 탄손녓 국제공항 – (   )

- 샌프란시스코 국제공항 – (   )

- 시카고 오해어 국제공항 – (   )

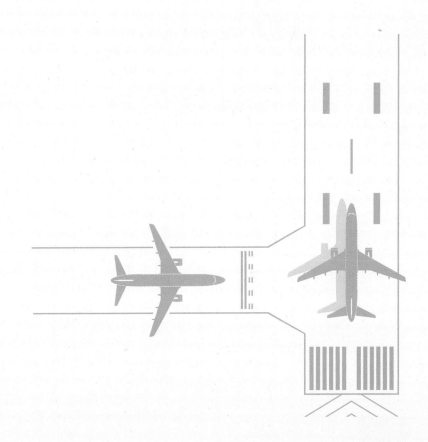

Chapter 13

항공기 제조사

1. Boeing

더 보잉 컴퍼니(The Boeing Company)는 미국의 항공기 제작과 방위산업 회사로 유럽의 에어버스와 함께 세계 항공 제작업계에서 양대 산맥을 이루고 있다. 주로 민간항공기나 군용 항공기, 인공위성, 방위산업 및 우주항공과 관련된 시스템과 서비스를 제공하고 있으며 보잉사의 상용 비행기 부문은 737, 747, 767, 777, 787 등의 여객기를 생산하고 있다.

1) Boeing 707

보잉사에서 개발한 최초의 4발 제트엔진 여객기로 1954년 개발된 보잉 367-80기에 바탕을 두었다. 1958년 초도비행 이래로 1979년까지 생산되어 민간항공수송에 큰 획을 그은 항공기이다. 또한 이후 제작된 보잉 720, 보잉 727, 보잉 737, 그리고 보잉 757의 기체에 기반을 두거나 일부를 혼용하여 생산하였으며 총 생산량은 1010대이다. 이 항공기는 대서양 횡단에 주로 사용하였으며 팬 아메리칸 월드 항공, 영국 해외항공, 캐세이퍼시픽 항공, 루프트한자, 대한항공 등에서 사용되었다.

① 제원

First flight	Dec. 20, 1957
Model number	707-120
Classification	Commercial transport
Span	130 feet 10 inches
Length	144 feet 6 inches
Gross weight	248,000 pounds
Cruising speed	600 mph
Range	3,000 miles
Ceiling	41,000 feet
Power	Four 13,500-pound-thrust P&W JT3C-6 turbojet engines
Accommodation	Up to 181 passengers

2) Boeing 717

Boeing 717은 미국의 보잉사가 100인승 정도의 소형 여객기 시장을 겨냥해 만든 제트 여객기로 원래는 보잉에서 개발한 여객기는 아니고 맥도넬 더글러스의 MD-90 기종에 기반을 두고 개발 중이던 MD-95는 1997년 맥도넬 더글러스가 보잉에 인수 합병됨에 따라 보잉 717이라는 이름을 갖게 되었다. 델타항공, 하와이안 항공, 볼로

테아 항공 등이 사용하였으며, 총 156대가 생산되었다. 이 항공기는 2006년에 단종되었다.

① 제원

First flight	Sept. 2, 1998
Model number	717-200
Classification	Commercial transport
Span	93feet 4inches
Length	124feet
Gross weight	110,000pounds
Range	1,647miles
Power	Two 18,500- to 21,000-pound-thrust Rolls-Royce 715 high-bypass-ratio engines
Accommodation	106 passengers

3) Boeing 727

B-727은 1963년 2월 9일 첫 비행을 한 중거리용 3발 제트 여객기로 1950년대에 들어서 대양 횡단이 가능한 대형 여객기의 제트화가 정착되면서 종래 프로펠러기가 주류를 이루고 있던 중·단거리 노선에도 제트기 도입이 필요하게 되었다. 이러한 요구에 만들어진 항공기가 보잉 727이다.

작은 공항의 경우 공항의 활주로가 길지 않아 대형 항공기가 취항하기 쉽지 않았는데 이런 제약을 극복하기 위하여 B-727은 주날개 전체에 플랩과 슬랫이 설치됨으로써 더욱 커다란 양력을 발생시킬 수 있고, 이에 따라 기존의 제트 여객기에 비해 저속에서 착륙하는 것이 가능해져 중소규모 공항의 짧은 활주로에도 착륙하는 것이 가능하게 되었다. 그리하여 B-727은 저속·단거리 이착륙이 가능해져서 대형 항공기가 이착륙할 수 없는 소규모 공항도 이용할 수 있게 되었다. 또, 엔진을 3발로 장착하여 보다 높은 상승력을 낼 수 있었다. 이러한 형태는 보잉사가 개발한 여객기 중에는 유일하다.

727기의 생산은 1964년 초부터 시작되어 1984년 1,832대째의 마지막 727기가 인도되는 시점에서 727기는 매달 1,300만의 승객을 실어 나르고 있었다. 1977년 10월 5일 현재 727기들은 전 세계에 걸쳐 10억 명의 승객을 실어 날랐다. 1991년 1월 13일, 미국의 항공사인 유나이티드항공에 의하여 1964년부터 계속 운항하고 있던 최초로 제작된 727기가 마지막 상용(商用) 운항을 마치고 시애틀에 있는 항공박물관에 기증되었다. 아메리 제트 인터내셔널, 캐피털 카고 인터내셔널, 대한항공 등이 주로 사용하였고 보잉 757에 영향을 주었다.

① 제원

First flight	Feb. 9, 1963
Model number	727-100
Classification	Commercial transport
Span	108feet
Length	133feet 2inches
Gross weight	170,000pounds
Top speed	632mph
Cruising speed	570mph
Range	3,110miles
Ceiling	36,100feet
Power	Three 14,000-pound-thrust P&W engines
Accommodation	131 passengers

4) Boeing 737

보잉 737(Boeing 737)은 보잉사가 개발한 제트 여객기이며 보잉사 민항 여행기 중 가장 소형이면서 가장 잘 팔리는 단거리, 중거리용 쌍발 제트기이다. 최초 90인승 제트엔진 여객기로 개발되었으나 후에 130인승까지 확대 개량되었으며 737-900은 200인승이 넘는다.

보잉은 최초의 737기인 A-100에 1만 4,000파운드의 추력을 낼 수 있는 프랫휘트니의 JT8D-7 터보팬 제트엔진을 장착하였으며, 727기와 유사한 고양력 구조를 채택하여 저속착륙을 가능하게 하였다. 내부 구조는 전형적인 1개 통로에 6열 좌석 배치이다. 보잉 737은 1968년 처음으로 상업 운항을 시작하였으며 1998년 이후, 글라스 콕핏(glass cockpit) 등의 최첨단 현대 항공기술을 대폭 도입한 737NG(Next Generation)라 불리는 737-600/700/800/900 기종이 상업 운항을 개시한 상태이다.

대형화된 737NG 기종인 737-800/900 모델은 단거리 저수요 노선에서, 현재 단종된 보잉 757보다 높은 연비로서 그 수요를 대체하고 있다. 또한 차세대 모델로 737MAX 기종이 개발 중에 있다.

약칭은 737이며, 737-800의 경우 738이라고 한다. 이는 항공사 스케줄에서 확인이 가능하다. B737은 Winglet(윙렛)과 Non-Winglet(일반) 버전으로 구분되나 항공사에서는 구분 없이 B737-800WL이라도 B737WL이 아닌 B737이라 부른다.

보잉 737MAX는 보잉에서 개발 중인 차세대 제트 여객기이다. 기존 737 오리지널, 클래식, NG(Next Generation)를 잇는 4번째 라인으로 CFM사의 LEAP-1B 엔진을 사용하여 현재의 737NG 시리즈보다 14% 낮은 연료 소모가 될 것이라고 밝혔다. 현재 생산 중이며 첫 번째 신형 항공기인 737MAX 8이 2017년 5월 16일 말린도 항공에 인도되었고 5월 22일 쿠알라룸푸르 - 싱가포르 노선에 투입됨으로써 일반에 공개되었다. 다른 항공사에도 순차적으로 도입될 예정이다.

① 제원

📰 Next-Generation 737

	737-700	737-800	737-900
Seats (2-class)	126	162	178
Maximum seats	149	189	220
Length	33.6m (110ft 4in)	39.5m (129ft 6in)	42.1 m (138ft 2in)
Wingspan	38.5m (117ft 5in)	38.5m (117ft 5in)	38.5 m (117ft 5in)
Height	12.5m (41ft 3in)	12.5m (41ft 3in)	12.5 m (41ft 3in)
Engine	CFM-56	CFM-56	CFM-56

📰 737MAX

	737MAX 7	737MAX 8	737MAX 9	737MAX 10
Seats (2-class)	138 - 153	162 - 178	178 - 193	188 - 204
Maximum seats	172	200	220	230
Range nm (km)	3,825 (7,080)	3,515 (6,510)	3,515 (6,510)*	3,215 (5,960)*
Length	35.56m (116 ft 8 in)	39.52m (129 ft 8 in)	42.16m (138 ft 4 in)	43.8m (143 ft 8 in)
Wingspan	35.9m (117ft 10in)	35.9m (117ft 10in)	35.9m (117ft 10in)	35.9m (117ft 10in)
Engine	LEAP-1B from CFM International	LEAP-1B from CFM International	LEAP-1B from CFM International	LEAP-1B from CFM Internationa

5) Boeing 747

1969년 미국의 거대 화물기 프로젝트에 기반하여 만들어져 전 세계에서 1,000기 이상 운항이 되고 있는 항공기로 A380 기종이 나오기 전까지는 유일한 초대형 항공기였다. 기체의 크기는 길이가 225피트이며, 미익의 높이는 6층 건물의 높이를 자랑한다. 최초의 2층 구조를 가지고 제작된 항공기로 점보 제트기라는 애칭을 가지고 있으며 미국, 일본, 대한민국, 중국 등 여러 나라에서 국가원수의 전용기로 사용되고 있다. 747기종은 100, 200, 300, 400, 8시리즈가 있으며 화물기로도 사용이 되며 Main Deck에도 화물을 탑재할 수 있는 Combi기종도 있다.

① 747-8i 제원

747-8 Intercontinental	
Seats (3-class)	410
Range nm (km)	8,000nm (14,816 km)
Length	76.3m (250ft 2in)
Wingspan	68.4m (224ft 5in)
Height	19.4m (63ft 6in)
Engine	GEnx-2B

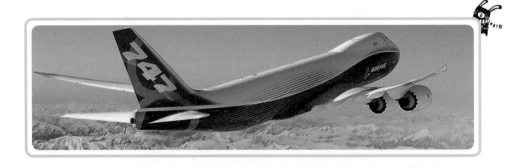

6) Boeing 757

보잉 757은 보잉 727을 대체하기 위해 개발한 Narrow Body 항공기로 엔진의 수를 2개로 줄여 기존 항공기에 비해 연비를 개선하기 위해 노력하였으나 727기종이 취항하는 짧은 활주로에서도 운영이 가능하도록 출력을 높인 관계로 연비가 개선되지 않았으며 다른 항공기들에 비해 효율성이 높지 않아 항공사로부터 주문량이 급감하였고 그로 인해 일찍 단종되었다.

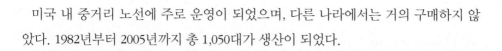

미국 내 중거리 노선에 주로 운영이 되었으며, 다른 나라에서는 거의 구매하지 않았다. 1982년부터 2005년까지 총 1,050대가 생산이 되었다.

① 제원

First flight	Feb. 19, 1982
Model number	757-200
Classification	Commercial transport
Span	124feet 10inches
Length	155feet 3inches
Gross weight	255,000pounds
Top speed	609mph
Cruising speed	500mph
Range	3,200 to 4,500miles
Ceiling	42,000feet
Power	Two 37,000- to 40,100-pound-thrust RB.211 Rolls-Royce or 37,000- to 40,100-pound-thrust 2000 series P&W engines
Accommodation	200 to 228 passengers

7) Boeing 767

보잉사에서 개발한 중형 Wide Body 항공기로 1982년부터 생산되어 지금까지 제작되고 있다. 이 항공기는 에어버스 A300시리즈의 경쟁을 위해 개발되었으며 기존 항공기에 비해 연료효율을 높여 장거리 운항도 가능하게 하였다. 현재는 B787이 개발되어 대체를 진행하고 있으나 767-400기종과 화물기종은 여전히 생산되어 판매되고 있다.

① 제원

	767-200	767-200ER	767-300	767-300ER	767-300F	767-400ER
승무원	2					
최대좌석수	290	350	–			375
길이	48.5m		54.9m			61.4m
폭	47.6m			51.9m		
날개면적	283.3m²			290.7m²		
높이	15.85m			16.88m		
동체폭	5.03m					

8) Boeing 777

보잉사는 미국에서 항공 수요가 많은 대서양 항로에 투입할 항공기로 767을 개량하여 운영을 하려고 하였으나 좁은 동체와 여러 가지 문제로 인해 새로운 기종을 개발하게 되었다. 이렇게 나온 B777은 쌍발엔진 항공기로는 가장 큰 항공기로 기존과는 다른 Paperless 디자인을 하였고 조종실에는 LCD계기판을 적용하는 등 첨단 시스템을 채택하여 제작되었다. 1994년 첫 비행을 시작하여 현재까지 제작되고 있다.

① 제원

	777-200LR	777-300ER
Seats (2-class)	317	396
Range nm (km)	8,555nmi (15,843km)	7,370nmi (13649km)
Length	63.7m (209ft 1in)	73.9m (242ft 4in)
Wingspan	64.8m (212ft 7in)	64.8m (212ft 7in)
Height	18.6m (61ft 1in)	18.5m (60ft 8in)
Engine	GE90-115BL	GE90-115BL

9) Boeing 787

보잉 787 드림라이너(Boeing 787 Dreamliner)는 보잉에서 제작한 최신 항공기로 B757과 B767을 대체하기 위해 제작된 항공기이며 보잉에서 제작한 항공기 중 최초로 기체의 대부분을 탄소복합재료를 사용해 제작하여 내구성을 향상시키고 제작도 단순화 하는 등 경제성과 승객 편의성을 강화하여 제작하였다.

원래 개발 코드는 7E7이었으나 나중에 787로 변경하였고, 최초로 ANA에 인계되었으며 대한항공이 사용 중에 있다.

① 제원

	787-8	787-9	787-10
Seats (2-class)	242	290	330
Range nm (km)	7,355nmi (13,620km)	7,635nmi (14,140km)	6,430nmi (11,910km)
Length	56.69m (186ft)	63m (206ft)	68.27m (224ft)
Wingspan	60.7m (197ft 4in)	60.7m (197ft 4in)	60.7m (197ft 4in)
Height	17m (55ft 10in)	17m (55ft 10in)	17m (55ft 10in)
Engine	GEnx-1B / Trent 1000	GEnx-1B / Trent 1000	GEnx-1B / Trent 1000

2. Airbus

에어버스는 보잉과 함께 세계 대형 민항항공기 시장을 양분하고 있는 항공기 제조업체로 보잉에 대응하기 위해 1967년 영국, 프랑스, 독일정부가 300석 규모의 에어버스 A300기종을 만들기 위해 합의를 한 것부터 시작되었다. 본사는 프랑스 툴루즈에 있으며 독일 함부르크, 스페인 마드리드, 영국 체스터에 주요 공장이 있고 유럽이 아닌 지역으로는 미국 앨라배마, 중국 톈진에 공장이 있다.

1) A300

A300은 세계 최초 중거리 운항용 Wide Body 항공기로 항공기 제작시장에서 미국의 독주를 막기 위해 대륙 내 이동항공기로 1974년 개발되었다. 처음에는 검증되지 않아 유럽 내 에어프랑스나 루프트한자 등 국적항공사에서만 사용을 하다가 대한항공이 도입을 하여 성공적으로 사용하게 된 이후 다른 비유럽권 항공사에서도 도입을 하게 된다. 현재 여객기는 단종되고 주로 화물기만 사용이 되고 있으나 A300을 토대로 동체 연장형인 A330, 동체 축소형인 A310, 화물기 개량버전인 벨루가 등으로 개량되고 있다.

① 제원

		A300-B4	A300-600R	A300-600F
운항승무원		3	2	
최대좌석수		345	361	–
길이		53.62m	54.08m	
폭		44.84m	44.85m	
날개면적		260m²		
높이		16.62m		
동체폭		5.28m		
최대연료탑재량		62,900L	68,150L	
자체중량		88,500kg	90,900kg	81,900kg
최대이륙중량		165,00kg	171,700kg	170,500kg
항속거리		6,670km	7,540km	4,850km
최대순항속도		마하 0.86	마하 0.82(35000ft)	
엔진 x2	GE	CF6-50C2 (59,000lb)	CF6-80C2(62,000lb)	
	P&W	JT9D-59A (53,000lb)	PW4158 (68,600lb)	

2) A310

A310은 A300의 동체 단축형으로 A300의 항속거리를 넘는 항공기이며 1980년 개발
되었다. 기존 A300에 비해 작은 동체와 개선된 날개로 장거리 노선에 많이 이용되었
으나 많이 판매되지는 않았으며, 현재 에어버스의 유일한 실패작이라고 평가되고 있
다. 현재는 A300과 함께 단종된 상태이며, 세부기종으로는 A310-200, A310-300이 있다.

① 제원

	A310-200	A310-200F	A310-300	A310-300F
운항승무원	2			
최대좌석수	275	–	275	–
길이	53.62m		54.08m	
폭	44.66m			
날개면적	219m²			
높이	15.8m			
동체폭	5.64m			
최대연료탑재량	55,200L		75,470L	
자체중량	80,142kg	72,400kg	83,100kg	73,900kg
최대이륙중량	141,974kg		164,000	
항속거리	6,800km	5,550km	8,050km	7,330km
최대순항속도	마하 0.84			
엔진 x2 GE	CF6-80C2A2 (59,000lb)		CF6-80C2A8 (59,000lb)	
엔진 x2 P&W	PWJT9D-7R4 (56,000lb)		PW4158 (62,000lb)	

3) A320

에어버스가 제작한 유일한 Narrow Body 중·단거리용 항공기로 보잉 727과 737의 대응 모델로 개발되었다. 서브 모델로는 318, 319, 320, 321의 4종이 있으며 연료 효율이 좋아 항속거리가 긴 319의 경우는 중간 기착 없이 대서양 횡단도 가능하다.

현재는 연료 효율이 더 좋은 NEO기종으로 대체되어 생산하고 있다.

① 제원

	A318-100 A318CJ[3]	A319-100 A319LR / A319CJ	A320-200	A321-200
운항승무원	2			
최대좌석수	136	160	180	220
화물용적	21.20m³[4]	27.70m³ (LD45 컨테이너 x4)	37.40m³ (LD45 컨테이너 x7)	51.70m³ (LD45 컨테이너 x10)
길이	31.44m	33.84m	37.57m	44.51m
폭	34.10m			
날개면적	122.6m²			128m²
높이	12.56m	11.76m		
동체폭	3.70m			
최대연료 탑재량	24,210L	24,210L (Standard) 30,190L (Optional)		24,050L (Standard) 30,030L (Optional)
자체중량	39,500kg	40,800kg	42,600kg	48,500kg
최대이륙중량	68,000kg	75,500kg	78,000kg	93,500kg
항속거리	5,700km 7,800km (CJ)	6,700km 6,900km (With Sharklets) 10,400km (LR) 11,000km (CJ)	5,700km 6,100km (With Sharklets) 8,000km (CJ)	5,600km 5,900km (With Sharklets)
최대순항속도	마하 0.82			
엔진 x2	**CFMI** CFM56-5B9/P (23,300lb)	CFM56-5A1 (25,000lb)	CFM56-5B6 (23,500lb)	CFM56-5B2 (31,000lb)
	IAE –	IAE Model V2527M-A5 (24,800lb)	IAE Model V2527E-A5 (24,800lb)	IAE Model V2530-A5 (31,600lb)
	P&W PW6124A (23,800lb)	–	–	–

4) A330

A330은 에어버스가 B767에 대항하기 위해 A300을 기반으로 개량해 제작한 항공기로 항속거리와 연비가 뛰어나 다수의 항공사에서 운용하고 있으며, B767과 B777의 시장에서 경쟁하고 있다.

A330-300이 기본형이며 A330-200은 동체 단축형으로 항속거리를 더 길게 제작하여 장거리 운항에 운영되고 있다. 현재는 A330의 동체를 연장하고 개량된 엔진을 장착하여 기존보다 연료 효율을 높인 A330neo 기종을 제작하고 있다.

① 제원

		A330-200	A330-200F	A330-300
운항승무원			2	
최대좌석수		404	–	440
화물용적		132.4m³ (LD3 컨테이너 x26)	469.2m³ (파렛트 x31)	158.4m³ (LD3 컨테이너 x32)
길이		58.82m		63.69m
폭			60.3m	
날개면적			361.6m²	
높이		17.39m	16.90m	16.83m
동체폭			5.28m	
최대연료탑재량		139,090L		97,530L
자체중량		119,600kg	109,000kg	124,500kg
최대이륙중량		242,000kg	233,000kg	242,000kg
항속거리		13,400km	7,400km (65t 적재) 5,950km (70t 적재)	11,300km
최대순항속도			마하 0.86, 330 노트	
엔진 x2	GE		CF6-80E1 (72,000 lb) (-200F 제외)	
	P&W	PW4168 (68,600lb)		PW4164 (64,500lb) PW4168 (68,600lb)
	RR	Trent 772 (71,100lb)		Trent 768 (67,500lb) Trent 772 (71,100lb)

5) A340

 A340은 A330과 동시에 개발된 장거리용 4-Engine 항공기로 2-Engine 항공기의 경우 ETOPS 규정에 따라 제한이 있어 이러한 단점을 보완하기 위해 제작되었다. 하지만 경쟁 모델인 B777에 비해 연료 효율이 떨어지는 등 여러 단점들로 인해 제작이 중단 되었다. 서브 모델은 A340-200, A340-300, A340-500, A340-600이 있으며, 대한민국 국적항공사는 보유하고 있지 않다.

① 제원

	A340-200	A340-300	A340-500	A340-600
승무원	2			
최대좌석수	420	440	375	475
화물용적	162.8m³		153.9m³	207.6m³
길이	59.39m	63.60m	67.90m	75.30m
폭	60.3m		63.45m	
날개면적	361.6m²		439.4m²	
높이	16.70m	16.85m	17.10m	17.30m
동체폭	5.28m			
최대연료탑재량	155,040L	147,850L	214,810L	195,880L
자체중량	129,000kg	130,200kg	170,900kg	177,800kg
최대이륙중량	275,000kg	276,500kg	372,000kg	368,000kg
항속거리	15,000km	13,700km	16,060km	14,350km
최대순항속도	마하 0.86			
엔진 x4	CFM56-5C2 (31,200lb) CFM56-5C3 (32,500lb) CFM56-5C4 (34,000lb)		RR Trent猩 (53,000lb)	RR Trent 556 (56,000lb)

6) A350

A350-900
Shaping efficiency

A350은 에어버스의 최신 기종으로 해당사의 항공기 중 처음으로 동체와 날개를 탄소복합 플라스틱으로 제작하였다. 이 신기종은 B787보다 8% 운영비용을 절감할 수 있고 6시간 ETOPS 엔진을 사용하였다. 카타르 항공이 최초로 도입을 하였으며 대한민국에서는 아시아나 항공이 도입하여 운영하고 있다. 서브 모델로 최초 A350-800과 A350-900, A350-1000을 계획하였으나 A350-800은 개발이 취소되어 현재는 두 가지 모델만 있다.

① 제원

	A350-900	A350-1000
운항승무원	2	
최대좌석수	325(표준) 440(최대)	366(표준) 475(최대)
화물용적	172.4 m³(LD3 컨테이너 x36)	208.2 m³(LD3 컨테이너 x44)
길이	66.89m	73.88m
폭	64.75m	
날개면적	443.0m²	460.0m²
높이	17.05m	
동체폭	5.61m	
최대연료탑재량	138,000L	156,000L
자체중량	195,700kg	220,000kg
최대이륙중량	268,900kg	308,900kg
항속거리	15,000km (-900) 18,000 (-900ULR), 20,000 (ACJ)	14,800km
최대순항속도	마하 0.89	
순항속도	마하 0.85	
엔진 x2	RR Trent XWB-84 (84,200lb)	RR Trent XWB-97 (97,000lb)

7) A380

① 제원

	A380-800
운항승무원	2
최대좌석수	868
길이	72.72m
폭	79.90m
날개면적	845m²
높이	24.09m
동체폭	6.50m(Main deck), 5.80m(Upper deck)
최대연료탑재량	320,000L
자체중량	276,800kg
최대이륙중량	575,000kg
항속거리	15,200km
최대순항속도	마하 0.89(Maximum operating speed) 마하 0.96(Maximum design speed)
엔진 x4 · RR	Trent 970/B (78,300lb) Trent 972/B (80,210lb)
엔진 x4 · EA	GP7270 (74,700lb) GP7272 (76,500lb)

A380은 에어버스에서 제작한 4-Engine, 2층 구조의 초대형 항공기이다. 대형 항공기를 독점하는 B747의 경쟁 기종으로 제작되었으며 현재 호화로운 국제선 여객기의 상징처럼 되어 있다. 다만, 엔진의 효율을 위해 2-Engine이 주력으로 개발되는 트렌드 상황이기에 현재 신규 제작요청은 2016년 1월 이후 중단이 된 상황이며 엔진의 효율을 개선하지 못하여 2018년 신규 주문이 없을 경우 생산이 중단될 위기에 있다.

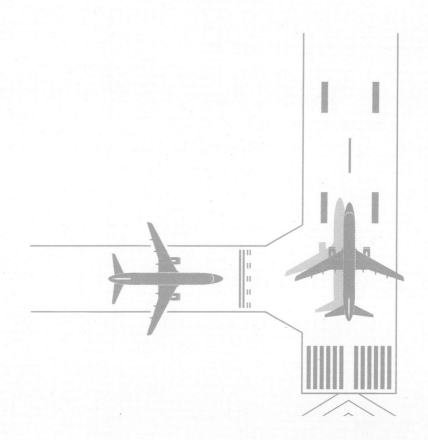

참고문헌

대한항공 객실승무원 업무교범

대한항공 신입 승무원 교재

대한항공 기내지

아시아나항공 객실승무원 업무교범

아시아나항공 신입승무원 교재

아시아나항공 기내지

운항기술기준 본문

운항기술기준 별표

항공보안법

Cabin Safety Index (ICAO)

DGR Table (ICAO)

문창수. Threat & Error Management-CRM에서의 응용 (항공진흥 41호)

이병선, 항공기구조 및 비행안전, 백산출판사. 2013.

저자 소개

| 민소라 |

경기대학교 서비스경영전문대학원 졸업
전) 아시아나항공 캐빈승무원
현) 오산대학교 항공서비스과 교수

| 홍성훈 |

경기대학교 서비스경영전문대학원 졸업
전) 아시아나항공 안전훈련 교관 겸 비행실습 감독관
현) 아시아나 항공 캐빈서비스팀 사무장

항공기 구조와 객실안전

초판1쇄 인쇄 2018년 2월 20일
초판1쇄 발행 2018년 2월 26일

저   자 민소라 · 홍성훈
펴 낸 이 임 순 재
펴 낸 곳 (주)한올출판사
등   록 제11-403호
주   소 서울시 마포구 모래내로 83(성산동, 한올빌딩 3층)
전   화 (02)376-4298(대표)
팩   스 (02)302-8073
홈 페 이 지 www.hanol.co.kr
e - 메 일 hanol@hanol.co.kr
I S B N 979-11-5685-637-5